Câncer e Família

Da mesma autora de: *Câncer e Vida*

Antonieta de Castro Sá

Câncer e Família

© 2012 Maria Antonieta de Castro Sá

Instituto Lachâtre
Caixa Postal 164 – CEP 12914-970
Bragança Paulista – SP
Telefone: (11) 5301-9695
Site: www.lachatre.org.br
E-mail: editora@lachatre.org.br

CAPA
Andrei Polessi

2ª edição – Abril de 2012

A reprodução parcial ou total desta obra, por qualquer meio,
somente será permitida com a autorização por escrito da editora.
(Lei n° 9.610 de 19.02.1998)

Impresso no Brasil
Presita en Brazilo

CIP-BRASIL. CATALOGAÇÃO NA FONTE

Sá, Antonieta de Castro
   Câncer e família / Antonieta de Castro Sá. São Paulo, SP: Lachâtre, 2012.

168 p.
ISBN 978-85-65518-07-9

1.Autoajuda. 2.Câncer. 3.Relações familiares. I.Título. II.Bibliografia.

CDD 158.12	CDU 159.96
614.5999.9	615.854

Sumário

Prefácio (Dr. Renato Abreu Filho), p. 11

I – Novas motivações, p. 19
II – Quem cuida de quem?, p. 27
III – Marilda e Janete, p. 43
IV – Jorge e suas filhas, p. 57
V – Evinha, Carlos e os filhos, p. 67
VI – Sérgio e Beatriz, p. 77
VII – Uma prece terapêutica (Margarida e Celso), p. 95
VIII – Conclusões, p. 111
   1. O câncer para o paciente, p. 112
   2. O câncer para a família, p. 120
IX – Apêndice – Prognósticos familiares, p. 131

Bibliografia, p. 145
Dados biográficos: Antonieta de Castro Sá, p. 147

Sigo agradecendo a Deus, por inspirar os profissionais com quem tenho me tratado, por estar viva e poder ser útil.

Dirijo especial gratidão aos pacientes de câncer e seus familiares que, permitindo-me narrar aqui os respectivos caminhos pelos quais enfrentaram a moléstia, ajudaram-me a compor este livro, naturalmente, trocando seus nomes reais por outros fictícios. Vem deles o colorido que este texto poderá assumir para cada leitor.

Ao Dr. Edison Neves Ferreira, cuidadoso médico brasileiro e estudioso da medicina tradicional chinesa, agradeço a dedicação ao me ajudar, com suas 'agulhas mágicas', a promover o equilíbrio de minhas energias.

Ao Dr. Renato Abreu Filho, que tem sido um guardião de minha saúde, agradeço por enriquecer minha vida com sua amizade.

A meu marido e a meu filho, companheiros principais deste período da vida, agradeço a paciência e o carinho com que colaboraram em tudo que lhes esteve ao alcance para que eu tivesse as necessárias condições de seguir esta trajetória e desenvolver mais este trabalho.

A papai e mamãe (*in memoriam*), agradecerei sempre, por terem me mostrado o valor de uma família, caracterizada pela compreensão e solidariedade, quaisquer que fossem suas expectativas.

Dedico este livro aos pequenos Pedro e Mariana.

Quando crianças se defrontam com o câncer, em si mesmas ou em suas famílias, arcam com as mais difíceis consequências emocionais desta doença – pois vêm de seus corações as perguntas raramente expressas e menos ainda respondidas, os receios mais contundentes e as escolhas menos possíveis.

Prefácio

Em seu primeiro trabalho versando sobre o tema do câncer, Antonieta trouxe-nos sua experiência ao vivenciar dois tumores de mama, num intervalo de dois anos: as angústias diante do diagnóstico e o enfrentamento da doença por meio de um duro e desgastante tratamento. Ela sobreviveu, numa caminhada que hoje já conta mais de dez anos desde a primeira manifestação.

Neste novo livro, amplia o espectro narrativo com casos de seus próprios pacientes e familiares, abordando os aspectos emocionais que envolvem estes personagens, diante das auras de gravidade e temor que ainda revestem este tipo de doença.

Na experiência de mais de vinte anos tratando mulheres e homens acometidos principalmente por câncer de mama (novidade para alguns, o câncer de mama atinge homens na proporção de um caso a cada duzentos em mulheres), não nos restam mais dúvidas de que o câncer é um mal que adoece o indivíduo, mas acomete à família. Esta realidade se mostra mais presente, quanto mais avançado é o estágio do diagnóstico e quanto mais sombrio for o prognóstico de sucesso no tratamento. Não é raro observarmos, em casos extremos, uma completa desestruturação da organização familiar.

A necessidade de cuidados com o paciente, diretamente proporcional ao seu grau de comprometimento, demanda uma série de alternativas que nem sempre estão ao alcance das famílias, tanto em termos materiais quanto emocionais. Mas o contexto socioeconômico termina por ser um dos determinantes mais importantes das medidas a serem implantadas para se trazer conforto, amparo e segurança ao paciente.

Trata-se de uma doença que pode impor intensas mudanças nos estilos de vida, desde necessidades de adequação dos meios de transporte, num interminável vai e vem entre consultas médicas, sessões de rádio, químio ou fisioterapia: a pessoa atingida pelo câncer pode tornar-se totalmente dependente, podendo surgir a necessidade de se providenciar um cuidador específico para poder auxiliá-la até mesmo nas mais simples tarefas cotidianas. Nos dias de hoje, onde cada vez mais os indivíduos são envolvidos pelo trabalho, pelos afazeres domésticos, pelos cuidados com os filhos e outros mais, reestruturar o núcleo familiar para absorver estas novas atribuições não é, portanto, um simples exercício.

Por vezes, chega-se ao limite da situação econômica familiar, particularmente quando o poder aquisitivo é mais escasso ou quando o indivíduo acometido pela doença é o arrimo: então, os riscos de danos ao equilíbrio do grupo são mais patentes. Privações repentinas dos recursos podem acentuar conflitos e dificultar o acesso a bens e serviços que viriam atenuar as situações de sofrimento dos pacientes. Acrescente-se que, mesmo nos dias atuais, o câncer ainda é uma doença atemorizante, associada aos estigmas da morte iminente, da incurabilidade, dos tratamentos agressivos, mutilantes, e aliada a uma sensação de impotência ou de incerteza em relação ao futuro, que impelem várias de suas vítimas ao afastamento do convívio social e à segregação domiciliar. Lida-se, pois, com uma seara fértil ao desenvolvimento de instabilidades emocionais e à manifestação de quadros depressivos, não só nos próprios doentes, como também em qualquer membro do núcleo familiar.

Lembro-me do já longínquo 1998 e das angústias de Antonieta, quando lhe dei a notícia do primeiro diagnóstico de câncer de mama. Treze anos depois, estas lembranças são bons motivos para olhar para trás e ver como foi árduo, mas exitoso, o caminho que a trouxe até aqui. Nunca lhe faltou motivação para persistir no tratamento, mesmo quando sobreveio o revés do segundo tumor. A contingência de ser a pedra de esquina de seu núcleo familiar e as responsabilidades para com a sobrevivência dos entes mais próximos foram sempre um motor, impulsionando-a na vontade de viver e na busca da cura. E mesmo com as dificuldades naturais a um filho adolescente e ao marido limitado por uma doença incapacitante, ambos sempre estiveram ao seu lado.

Entretanto, nem sempre é assim. Tive uma paciente, por exemplo, que durante a fase mais delicada do tratamento, logo após a cirurgia, em meio aos efeitos colaterais da quimioterapia, e ainda sob efeito do trauma que lhe provocara a perda da mama, viu-se diante da postura bem pouco nobre de seu companheiro, que a abandonou e ainda creditou o ocorrido à situação em que ela se encontrava. Felizmente, situações como esta são raras e, ao contrário, a doença acaba se tornando um catalisador da solução de conflitos familiares, como se a bandeira da trégua fosse estendida, em nome do bem maior que é a preservação da vida.

Devo reconhecer, por outro lado, que, depois de cuidar de Antonieta por mais de uma década, nossa relação médico-paciente está transformada, felizmente no bom sentido, pois aos poucos foi sendo substituída por uma relação de amizade. Se isto favorece alguns aspectos, em outros faz com que eu tenha que me policiar, sempre que o assunto se relaciona à sua saúde, para não negligenciar ou supervalorizar aspectos que possam ou não estar relacionados à doença que a acometeu. E foi com este cuidado que ouvi, pelo telefone, seu relato de que há alguns dias estava eliminando sangue pela urina. Uma simples infecção urinária era o que o amigo desejava que fosse, mas, ao mesmo tempo, um sinal de alerta se acendia para o médico, mostrando que haveria necessidade de aprofundar o diagnóstico.

O resultado do exame de ultrassonografia trouxe a confirmação daquilo que nenhum de nós gostaria de ter visto. Havia um tumor, e, desta vez, dentro da bexiga, que, apesar de ser um órgão próximo à região genital, apresenta particularidades das quais não tenho domínio. Indiquei um colega urologista, bastante experiente, para avaliar o caso de Antonieta e ele encarregou o cirurgião responsável por tumores de bexiga, no Hospital do Servidor Público Estadual, para cuidar dela, o que vem acontecendo muito a contento. Como o diagnóstico fora bastante precoce, uma intervenção relativamente simples foi feita, através do procedimento denominado cistoscopia (um tipo de videolaparoscopia), que nem cicatrizes lhe deixou, restituindo-lhe a integridade da saúde em tempo recorde. Apenas um exame trimestral de controle é mantido agora, por mais cinco anos.

Para quem já trazia os 'calos' de dois tumores malignos nas mamas, desta vez pareceu que tudo não passou de um enorme susto, após a confirmação de que o tumor não era infiltrativo, pois, se o fosse, haveria a necessidade de outra mutilação – agora da bexiga –, o que lhe imporia limitações importantes. Mas as lágrimas que brotaram de seus olhos foram rapidamente substituídas por seu sorriso característico. Na verdade, foi surpreendente como tudo se deu de forma tão rápida, com uma agilidade incomum para os serviços que tratam de um número enorme de pacientes em situações semelhantes, provando, uma vez mais, que Deus não se furta em fazer os seus plantões nos momentos em que Antonieta baixa ao hospital.

Mário Antônio, o pré-adolescente que virou homem feito, decretou, em uma destas redes sociais que povoam a internet: Mãe 3 x 0 câncer. As esperanças se renovavam com a perspectiva do bom prognóstico, com a certeza de que nenhuma relação com a doença da mama existia e com a nova vitória daquela que, carinhosamente, Antonieta chama de "minha pequena grande família".

Agora, então, ela atende os pedidos de vários leitores e partilha com eles um novo rol de experiências. Se, após a perda da genitora, sua família de origem havia se dispersado e ela passara a ser o esteio da família atual, desta feita voltou a existir um continente familiar à sua volta e ela experimenta outras dinâmicas ambientais que o câncer desencadeia no meio mais próximo ao paciente. Como a prepará-la para o que estava prestes a enfrentar, pediam-lhe que escrevesse uma continuação ao *Câncer e vida*, no intuito de orientar os familiares de pacientes deste mal. O pedido é atendido neste livro, que, porém, pode ter sua leitura desvinculada daquele anterior.

Um aspecto interessante deste trabalho está no fato de também serem narrados, aqui, cinco outros casos de câncer em diferentes contextos familiares: uma cuidadosa composição feita pela autora, ilustrando arranjos que se mostram necessários e como são possíveis ao ambiente mais próximo do paciente, no sentido de compreendê-lo, de oferecer-lhe os cuidados necessários, mas igualmente no sentido de compreender e respeitar as angústias daqueles familiares. E, apresentando explicações técnicas num livro que não é técnico, Antonieta expõe sua convicção de que o câncer é uma doença de etiologia psicológico-familiar, ao lado das conhecidas etiologias genéticas e ambientais, ou seja, no desenvolvimento emocional relacionado à família de origem, como nos conflitos originários da família atual, encontram-se os facilitadores psicológicos do câncer; e, analogamente, nas equilibradas reações familiares encontram-se boa parte dos facilitadores da evolução de cada caso, ainda que não seja viável a cura.

O próprio caso de Antonieta bem se presta para ilustrar o sucesso e a contribuição positiva que pode ser oferecida pela família, ainda que haja limitações. Infelizmente, porém, mesmo com boas intenções, nem sempre a atuação da família é proveitosa – embora seja sempre significativa. Decerto seria de muita utilidade a existência de um manual de comportamento para familiares que pudesse listar os modos recomendados para agirem em cada situação, mas o contraponto a esta utopia é a realidade das famílias que agem movidas pelos instintos, em geral individuais. No início, imbuídos dos melhores propósitos, na busca pela melhor alternativa terapêutica, muitas pessoas paulatinamente passam a atender ao alívio de suas próprias ansiedades; as ameaças que a doença traz, aliadas às culpas frequentes que cada um tem, pela falta de cuidado e atenção anterior com seus entes, acabam por se concretizar na busca desenfreada por tábuas de salvação, algumas vezes representadas por tratamentos pouco ortodoxos e, em outras, pela perda do limite da razoabilidade, impedindo no tempo certo a interrupção de métodos terapêuticos notadamente ineficazes.

Este tema tem sido trazido à discussão, com mais afinco, desde que o Conselho Federal de Medicina editou o novo Código de Ética Médica, vigente desde março de 2010, que autorizou o médico a deixar de utilizar métodos terapêuticos ineficazes ou obstinados, quando as possibilidades de cura sejam claramente limitadas e o paciente esteja na condição de incurabilidade ou terminalidade, ainda que seja muito tênue a linha que separa a possibilidade da inexistência de esperança. É de suma importância que ao menos familiares e médicos estejam sintonizados em situações desta natureza – já que, muitas vezes, os pacientes não mais reúnem condições de decisão – para que não se incorram em medidas inócuas e contrárias à dignidade da vida, que produzem apenas a perpetuação de sofrimentos desnecessários. Dois dos casos narrados neste livro, são exemplos de sintonias daquela natureza.

Finalmente, se o foco deste livro está voltado às relações entre o câncer e a instituição familiar, e até uma análise desta instituição nos dias atuais é aqui apresentada, não seria procedente que a autora negligenciasse uma atenção aos esforços individuais do paciente, no sentido de valorização da vida – o que ultrapassa a própria sobrevivência e se refere diretamente a Deus, enquanto essência do viver.

Na apresentação de seu *Câncer e vida*, publicado em 2008, já mencionei os benefícios da fé e do que acredito ser a oportunidade de renascimento que Deus parece oferecer às vitimas do câncer que são curadas. Passados treze anos, desde que a conheci, Antonieta segue sua trajetória sem esmorecer e procurando ser útil, porque continua exercitando sua fé, acreditando na bondade infinita de Deus e agarrando-se às chances que Ele vem lhe concedendo.

Renato Abreu Filho

I – Novas Motivações

Soneto de Fidelidade (1ª parte)

De tudo, ao meu amor serei atento
Antes, e com tal zelo, e sempre, e tanto
Que mesmo em face do maior encanto
Dele se encante mais meu pensamento.

Quero vivê-lo em cada vão momento
E em seu louvor hei de espalhar meu canto
E rir meu riso e derramar meu pranto
Ao seu pesar ou seu contentamento...
                    (Vinicius de Moraes)

Em 2008, foi publicado meu penúltimo livro: *Câncer e vida*. Seu primeiro capítulo teve por título: "Motivações".

No ano seguinte, decidi repensar um tema ao qual me dedico bastante, no consultório, e que pede atualizações frequentes – a adolescência, sobre a qual já escrevera voltando-me aos pais, como é mais comum. Desta feita, porém, escrevi um livro totalmente dirigido aos próprios jovens e o mesmo poderia já ter sido lançado, se novas motivações não me trouxessem de volta questões referentes ao câncer.

É incrível como as forças do universo conspiram, sem que percebamos de imediato, ajudando-nos a abrir as trilhas que nos são necessárias e que podem ser difíceis de ser percorridas...

Enquanto trabalhava no livro dos adolescentes, fui recebendo uma bela amostra de correspondências referentes ao *Câncer e vida*, com sugestões para que eu desse continuidade ao mesmo e orientasse os familiares ou pessoas mais próximas a doentes de câncer.

Creio que isso se deveu, em parte, à ênfase que ali eu havia dado ao papel da família na evolução e tratamento de portadores deste mal.

Paralelamente, revendo as fichas dos pacientes de câncer dos quais venho tratando, há oito anos, notei que, em cerca de 50% destes casos, são os familiares que me procuram e não os doentes por si mesmos.

É sabido que o acesso de nossa população a um tratamento psicológico particular – e mais aprofundado – não é grande. Mas eu tive muitos *feedbacks* de leitores do *Câncer e vida*, de várias partes do país, dando-me conta de que aquele livro foi um agente modificador positivo das reações de portadores dessa doença: pessoas que, em geral, não puderam procurar um psicoterapeuta e que foram auxiliadas pelo livro. Em pouco mais de um ano, o mesmo estava se esgotando e, trocando idéias com meu editor, ocorreu-nos postergar a publicação do texto dos adolescentes para dar prioridade a este *Câncer e família*, assim como à nova edição do livro anterior.

Seguramente, não nos empenharemos menos pelo livro dos adolescentes, ao qual me dediquei intensamente: ele apenas se fará esperar um pouco mais.

Mas as 'novas motivações' às quais me refiro aqui, no título, não se limitaram aos estímulos dos leitores. Em meio aos fatos que acabei de descrever, no primeiro semestre de 2010, o câncer me atingiu pela terceira vez!

Energias divinas já estavam mobilizadas e me envolviam para que eu identificasse mais recursos emocionais na luta contra a doença. Os tumores de mama que tivera antes não haviam me propiciado aprendizagens suficientes...

Quando já começava a trabalhar neste livro, minha urina começou a mostrar um tingimento de sangue e eu comecei a sentir uma dor inusitada na parte inferior do abdômen. Dr. Renato seguia orientando minha saúde desde o câncer de mama. Imediatamente, ele pediu exames que indicaram a presença de algum corpo estranho em minha bexiga.

Quando li para ele, ao telefone, o relatório da ultrassonografia, ele reagiu com um nome feio – bem feio – como só fazem os amigos, explicando em seguida:

– Antonieta, você pode ter um pólipo ou um tumor – ao que eu perguntei:

– Outro câncer?

E ele completou:

– Infelizmente, parece que é isso aí: pelo tamanho, dois centímetros, embora agora eu não esteja navegando em minha praia, tenho a impressão de que seja um tumor.

Eu revivi exatamente a sensação que tivera antes, ao ler o resultado da biópsia do segundo câncer de mama, e desabafei:

– Câncer, outra vez? Aos sessenta e dois anos, agora que a saúde de meu marido finalmente se estabilizou, meu filho está formado, começando sua vida profissional e eu imaginava poder respirar um pouco... Será que eu ainda aguento ver aquele filme, todo, de novo?

Era uma idêntica sensação de cansaço, de dez anos antes, mas agora não havia desespero e eu quase não chorava.

Dr. Renato me ouvia em silêncio. Uma vez mais, ele foi um continente firme para minha angústia. E eu sabia que agora ele não me ouvia apenas como médico; nestes doze anos, desde meu primeiro tumor, a vida já nos abrira as portas de uma amizade transparente e de mão dupla. Eu sabia que ele sofria junto comigo, porque agora era com um verdadeiro irmão que eu conversava. Entre nós, já nem havia o tratamento de 'doutor'.

À minha frente, naquela noite, meu marido e meu filho acompanhavam a conversa telefônica, cabeças baixas, creio que rezando em silêncio. Desta vez, eu não estava só ao encarar um diagnóstico de câncer, como ocorrera à época dos tumores mamários.

Agora eu voltara a conviver, de perto, com uma família na qual todos assumem papéis responsáveis, ainda que com diferenças pessoais. Nós três sobrevivemos juntos a toda sorte de dificuldades, a várias desventuras e hoje somos, realmente, uma família.

Minha intuição dizia que Renato estava certo e a próxima pergunta que não queria calar foi sobre a possibilidade de metástase. Desta vez, a resposta não foi feia e, com idêntica energia, ele me explicou que câncer de mama não faz metástase na bexiga. Arre! Ao menos isso, graças a Deus! Metástase costuma ser o pior capítulo do câncer, quando ele se dissemina por diferentes partes do corpo. Mais uma vez, vivenciei a mão de Deus me segurando.

Provavelmente, era um novo tumor que meu corpo produzira: uma nova história a ser vivida e compreendida, uma história a ser vivida em família. Se, de um lado, eu não enfrentaria sozinha cada passo, como tinha sido nas experiências anteriores, agora haveria outra aprendizagem: partilhar, em nossa pequena e convicta tribo, sentimentos, fatos e decisões que raramente eu partilhara antes com alguém. Desde o nascimento de nosso filho, vinte e cinco anos antes, esta era uma primeira vivência dessa natureza. A chegada de Mário Antônio e seus primeiros anos de vida tinham sido a última situação da qual meu marido e eu havíamos participado 'de mãos dadas'.

Pouco depois, tudo passou a ser, para mim, como remar em um barco que levava a mim mesma, um homem de saúde muito comprometida e um menino em desenvolvimento. Nas passagens boas e nas mais difíceis, as decisões eram só minhas e o rumo que seguíssemos dependia, depois de

Deus, só de mim. Aqui e ali, gente amiga e os parentes me ajudaram, principalmente com recursos materiais, mas ninguém jamais segurou, comigo, aqueles remos.

Agora, as circunstâncias estavam transformadas. Mário, meu marido, ainda atravessara períodos descompensados nos quais eu até ameaçara tirá-lo de nosso barco, desejosa de alguma chance de vida menos instável e mais gratificante, após o câncer de mama. Mário Antônio foi crescendo e vencendo a adolescência com tenacidade e incrível tolerância para um jovem; completou a faculdade, cuida de se especializar, está abrindo seu caminho profissional por esforço próprio e é um filho/amigo bastante especial, com grande sensibilidade, capaz inclusive de ajudar o pai a administrar inseguranças que sua história e doença lhe impuseram.

Novos recursos tiraram Mário da cama, à qual ficou atrelado por vários anos e onde vivia quando tive os tumores mamários. Agora, mesmo sem condições de voltar a exercer, como gostaria, a medicina, profissão que ele amava, por outro lado voltou a cuidar sozinho de suas atividades de vida diária, circula pelas partes que conhece da cidade e colabora em providências necessárias à supervisão da casa – voltou a assumir a maioria dos papéis de um cidadão lúcido que é.

Foi assim que, vinte anos depois da partida de papai e quinze anos depois da de mamãe, eu voltei a ter uma vida estável em família. Valeu a pena ter insistido em acreditar nos potenciais humanos e não ter desistido das batalhas que fui assumindo (ainda que, às vezes, por vaidade ou para provar do que eu seria capaz).

Se o pai (como chamamos ao Mário) foi condicionado, mesmo antes de adoecer, a deixar que alguém sempre sanasse suas dificuldades, o crescimento do filho, tão firme em seus propósitos e capaz de tantos sacrifícios, parece ter também acordado os brios daquele que aos poucos foi se colocando numa postura menos dependente e menos passiva, embora não consiga mais assumir todos os papéis que gostaria, como nós também gostaríamos.

Para que diferentes leitores se localizem, devo contar que estou aposentada pelo Serviço Público (conquistei a 'liberdade' do Sistema Penitenciário, onde permaneci por vinte e oito anos) e sigo dedicada ao consultório e aos meus livros. Assumi, com grande satisfação, um dos sonhos da época de faculdade: firmar meu espaço como escritora, engajada aos valores que me dão um maior e mais bonito sentido à vida – e esta foi uma conquista das batalhas travadas, há doze anos, contra o câncer.

Ser psicóloga e terapeuta tem sido um exercício de participação no pulsar da evolução humana, através dos recursos técnicos que uma atividade desta natureza proporciona: foi o trabalho que escolhi, por acreditar nos potenciais do ser humano e que escolhi para garantir-me a sobrevivência, num estilo de atividade com o qual me identifico muito.

Ser escritora já é o exercício da abertura de um caminho, com o coração e a criatividade, uma trilha para ser usada por quantos venham a segui-la, interessados pelos mesmos tons e ritmos: é a chance de me constituir numa semente que se desdobra, cresce, se alimenta e faz de si alimento: para mim, é o entusiasmo de um parto incessante, sempre novo e que traz suas forças da seiva pura e simples do amor.

Clarice Lispector, que tratou dos valores maiores da vida em seus contos e de quem sou uma admiradora, disse certa feita em alguma situação pública: "Se não escrever eu morro". E eu tenho uma forte impressão de que o câncer teria consumido, mais do que meu corpo, minha capacidade de amar, se eu não tivesse me permitido escrever sistematicamente, após a primeira mastectomia. Embora tenha produzido vários textos antes, não 'briguei por eles' como deveria.

Seguramente, o câncer de mama me estimulou, em suas duas versões, a renovar o aprendizado do viver, através da compreensão dos conflitos familiares de minha infância e adolescência – foi meu coração elaborando o que a razão até compreendera, já, nos processos terapêuticos pelos quais passara; foram os legítimos *insights*, que demandam tempo e vivência, além dos limites mentais das análises.

Creio que eu fui aprendendo a me relacionar com minhas raízes e a tratar de quantos ferimentos elas tinham, reabrindo-me para o mundo. Todavia, era preciso aprender (aos sessenta e dois anos!) a me relacionar melhor comigo mesma e a viver melhor na família do presente. Disso eu ainda não me dera conta e, então, meu corpo tratou de expressar-se novamente.

Tenho sido muito beneficiada pela sabedoria divina, pois tenho tido chances de aprender a viver, sem ter perdido, antes, esta vida. Não são coisas que se guarde só para si. Ainda que os leitores não pedissem, eu lhes devia este livro.

Em *Câncer e vida* eu havia comentado que:

> [...] várias pessoas me perguntavam como eu olharia para a vida, se fosse acometida novamente pelo câncer [...] e se o mesmo acontecesse hoje (2008), que posso ver a vida e a mim mesma com uma clareza maior, eu pediria a Deus que fortalecesse minha fé, minha coragem e me concedesse a oportunidade de seguir trabalhando e de ser útil até os últimos dias que tivesse [...][1]

Portanto, aqui estou, respondendo aos leitores e aos familiares de pacientes que me procuram no consultório, partilhando com quantos possam se beneficiar das aprendizagens que se superpõem nesta luta contra o câncer, que, ao que tudo indica, é uma doença 'de família' – não somente no sentido genético, mas igualmente no emocional, como veremos com o devido cuidado ao longo deste trabalho.

Desta feita, entretanto, pretendo ir além de minhas próprias vivências. Quero trazer-lhes um leque mais amplo de

---

[1] Sá, Antonieta de Castro. *Câncer e vida*. Letras Editora, São Paulo, 2008; Cap. VIII: p. 130.

situações a serem compreendidas para oferecer-lhes uma chance maior de identificações com diferentes espécies de dinâmica familiar. Para isso, selecionei casos, verídicos e bastante significativos, de famílias nas quais o câncer deixou suas marcas.

Como escreverei sobre pessoas reais, tratadas por mim, todas terão seus nomes substituídos por outros fictícios. As histórias serão, ainda, previamente lidas e sua publicação aprovada pelos respectivos responsáveis em cada família. Somente no meu caso, são preservados os nomes verdadeiros; todavia, também os meus familiares escolherão o que sobre eles possa vir a público.

Ao final, tratarei de apontar o que é comum aos intercâmbios que as várias histórias revelam, no seu convívio íntimo com a doença.

Veremos, ainda, como o câncer pode fortalecer famílias potencialmente coesas ou desestruturar aquelas que já não se compõem, de fato, como famílias.

E, num adendo, desejo tecer algumas considerações sobre o que caracteriza, em geral, a instituição familiar nos dias de hoje, pois entendo que estas observações têm relevância na questão dos componentes emocionais do câncer, como nos estilos pelos quais as famílias lidam com este mal.

Vamos em frente, então!

II – Quem cuida de quem?

Veja,
Não diga que a canção está perdida
Tenha fé em Deus, tenha fé na vida
Tente ou...tra vez!

Beba,
Pois a água viva ainda está na fonte
Você tem dois pés para cruzar a ponte
Nada aca...bou, não, não, não, não.

Tente,
Levante sua mão sedenta e recomece a andar
Não pense que a cabeça aguenta se você parar,
Há uma voz que canta, uma voz que dança,
Uma voz que gira bailando no ar.

Queira,
Basta ser sincero e desejar profundo
Você será capaz de sacudir o mundo, vai...
Tente ou...tra vez!

Tente,
E não diga que a vitória está perdida
Se é de batalhas que se vive a vida...
(Raul Seixas/ Paulo Coelho/ Marcelo Motta)

Como já havia comentado, mudou bastante meu contexto de vida entre as primeiras experiências de câncer que tivera e a atual.

Dr. Renato não poderia me tratar agora, pois bexiga é assunto de outra especialidade médica.

Mas, naquela noite em que lhe telefonei e li o resultado da ultrassonografia, ele já se mobilizou para me encaminhar a um urologista. De fato, passados dez minutos, eu apenas conjecturava o que poderia vir pela frente e o telefone tocou – era ele mesmo, resgatando-me do medo mais uma vez:

– Quem tem padrinho não morre pagão! Eu lembrei que tinha guardado alguns cartões numa caixinha e achei o cartão de meu xará, chefe da urologia do nosso velho hospital. Já liguei para ele; as instruções são para você procurá-lo no ambulatório e ainda há uma boa notícia: provavelmente você será operada por cistoscopia, cirurgia por imagem e com sonda – não deverá ser necessária a cirurgia aberta, com corte externo; daí, faz-se o exame anatomopatológico do tumor e, se não for um tumor infiltrativo, não será necessária a extração da bexiga. Se for um tumor periférico, na parede da bexiga, é possível que depois eles façam aplicações locais de BCG – lembra da vacina que a gente tomava na infância? Então, agora, a mesma vacina é usada para aumentar a imunologia da bexiga e evitar recidivas do tumor que você deve ter. As chances de cura são grandes, Antonieta; temos que rezar para não ser um tumor infiltrativo e não ser preciso extrair sua bexiga, isso traria uma adaptação mais difícil, depois.

A satisfação de Renato ao me encaminhar para um bom e rápido atendimento, além de ter boas perspectivas para me transmitir, era como o abraço firme e carinhoso de um anjo de Deus enchendo-me de confiança. Coisas de um ser humano realmente humano e, por isso mesmo, de um profissional muito especial.

Quatro dias após aquele telefonema, eu estava sendo atendida pelo médico-chefe da urologia no Hospital do Servidor Público Estadual e, em mais quatro dias, já estava sendo internada para os exames pré-operatórios e a cirurgia subsequente, que aconteceu em 26 de julho e que foi, para mim, uma experiência inesquecível. Dr. Mário Henrique Bueno Bavaresco foi o responsável pela intervenção e não demorou a conquistar minha confiança.

Antes, porém, quando era conduzida ao Centro Cirúrgico, eu estava administrando uma ansiedade inevitável que se acentuou com uma verdadeira algazarra à minha volta: uma moça, com uniforme de enfermagem, anunciava aos berros que o café acabara e só tinham chá; outra, trazendo mais um paciente como eu, retrucava que era 'sacanagem' não terem guardado café para ela; as portas de folhas duplas eram batidas a cada passagem de alguém; Dr. Fulano era chamado, também aos berros; o telefone tocava e quem atendia era forçado a falar muito alto, para que sua voz se superpusesse aos ruídos, e nós, pacientes que aguardávamos no corredor para entrar em cirurgia, parecíamos ser as figuras menos significativas do contexto. De vez em quando, alguém apanhava a pasta que estava apoiada sob meus pés, folheava-a e a deixava no mesmo lugar, mas ninguém se voltava para mim – e eu me dizia mentalmente: "não seja pretensiosa, sua boba, você é só mais um caso". Até que vieram me buscar e, ao entrarmos num corredor mais calmo, eu disse:

– Quando me recuperar desta cirurgia, vou voltar aqui e trazer uma placa, para vocês afixarem na entrada, com duas palavras gravadas: FEIRA LIVRE – como numa feira de verdade. Garanto que nem num lugar desse tipo haveria tanto barulho e agitação; é a segunda vez que me sinto assim aqui. Quando será que os funcionários de hospitais públicos vão aprender que pessoas doentes merecem respeito?

A moça que empurrava minha maca comentou:

— A gente podia ir dormir sem essa, hoje.

De fato, eu quisera me concentrar numa prece e só o consegui após o desabafo. Então, pedi a Deus que inspirasse aqueles que iriam me operar. Na sala cirúrgica, porém, o ambiente era preparado e a movimentação muito bem sincronizada.

Como era esperado, não se tratou de cirurgia aberta. Uma sonda, equipada com microbisturi e cauterizador, além de uma microcâmera, foi introduzida em minha bexiga através da uretra, após a anestesia raquidiana (local). Quando notei, ao meu lado, um monitor de cerca de quinze polegadas, pedi ao anestesista que não me pusesse para dormir e, ao cirurgião, que me permitisse ver pelo monitor as imagens da cirurgia. Eu lhes garanti que não ficaria impressionada, pois já tivera várias experiências, assistindo cirurgias, no hospital prisional onde trabalhara.

O cirurgião foi tão paciente e atencioso que virou um pouco o monitor, de modo que ele e eu pudéssemos ter uma boa visibilidade. Com uma caneta, seu médico auxiliar apontava e descrevia cada detalhe da imagem interna de minha bexiga:

— Aqui é a saída de seu rim direito, aqui é uma área onde os tumores costumam ser mais perigosos, aqui, a saída do rim esquerdo; isto tudo são paredes internas, a musculatura da bexiga, e aqui está o seu tumor: é um pólipo, porque tem pedúnculo, mas tem mesmo o aspecto de um carcinoma (tumor maligno), porque as bordas superiores são irregulares. Veja, é muito parecido com um cogumelo de cobertura irregular, quase como uma couve-flor; tem dois centímetros mesmo, como estimava o exame. Vamos torcer para que não esteja infiltrado pelo pedúnculo, na musculatura da bexiga, porque isso traria um risco grande de disseminação e seria necessária a extração de todo o órgão, o que não é um procedimento fácil e o pós-operatório exigiria também uma adaptação sacrificada para você. Se o tumor não for infiltrativo, como esperamos, esta cirurgia já resolve seu problema.

Eu me senti viajando por dentro de meu próprio corpo. Poder acompanhar aquelas imagens, com todas aquelas explicações, trouxe-me uma grande segurança e emoção. É pequena a nossa noção do que a ciência e a tecnologia podem fazer por nós. Pena que, nem sempre, ambas sejam usadas em benefício do ser humano. Mas esta já é uma outra conversa.

Fiquei numa UTI pós-operatória, por cerca de duas horas.

Lá, vi a mãe de um menino ser amparada para não desmaiar, ao trazerem a maca com seu filho; vi um senhor entrar em crise de agitação na maca em frente à minha, e, à minha direita, deparei com a menina Sara, de quem não quero me esquecer. Ao lado dela, em pé, havia uma jovem senhora a quem perguntei se a criança estava bem. Ela logo explicou que se tratava de sua filha, com oito anos, que havia perdido ambos os rins e por isso vive às custas de hemodiálises diárias, o que exigira que um novo *port-o-cath*[2] lhe fosse implantado para facilitar o acesso a uma veia. Esperava-se que ela recebesse um transplante, logo que possível.

Eu, então, pedi a Deus que ela não perguntasse o que eu tinha: porque me senti como se tivesse tirado uma unha encravada, embora estivesse saindo de uma cirurgia de câncer. Diante da luta pela vida que aquela criança e sua mãe enfrentavam, desde uma idade tão tenra, em episódios tão agressivos, e ainda com o risco de permanecer atrelada a aparelhos por um bom tempo, para não sucumbir, senti-me numa situação privilegiada.

Sara, dona de um lindo rosto moreno, dormia, enquanto a mãe cuidava de sua máscara de oxigênio.

Ali, ocorreu-me algo em que pensaria várias vezes nas semanas seguintes – como a dinâmica das trocas humanas é relativa! Afinal, quem ajuda a quem? Uma criança e sua

---

[2] *Portocath* (*port-o-cath*) é um receptáculo que fica sob a pele, durante longo tempo, ligado a um catéter para administração de medicamentos.

jovem mãe estavam mostrando tanto sobre a vida a mim, uma mulher de sessenta e dois anos, há trinta e cinco anos terapeuta... Eu, paciente, acabara de ensinar profissionais hospitalares a terem mais respeito por aqueles a quem atendiam... Até onde precisa e pode ir a paciência humana para que as pessoas possam realmente se ajudar?!

Tenho ainda a sensação de que aquelas horas foram mais um divisor de águas que eu experimentara. Minha mente e meu coração começavam a digerir mais uma série de emoções muito intensas, nesta vida.

Já, no dia seguinte, 'caiu aquela ficha', que foi bem difícil de encarar: eu poderia ficar curada ou poderia vir a enfrentar outra mutilação e, desta vez, com decorrências bem mais complicadas do que foram as mastectomias que fiz dez anos antes. Se aquele tumor fosse infiltrativo, eu perderia a bexiga e, em seu lugar, ficaria, adaptada, uma alça do intestino; seria preciso aprender a ter um controle, provavelmente mental, da urina, a certos espaços de tempo... Não me explicaram exatamente como seria, mas já haviam deixado claro que não seria simples a minha readaptação ao dia a dia. Seguir, levando uma vida útil, exigiria um exercício extremamente árido, embora possível.

A que outros riscos o câncer me submeteria dali em diante?

Quando cheguei do hospital, encontrei-me com uma longa prova de vinte dias: a espera do resultado do exame anatomopatológico.

Quase não tive chances de repouso, mas recuperei-me muito bem da cirurgia.

Meu filho me acompanhara em cada momento mais crítico: ao me internar, depois ajudando o pai a ir ao hospital para fazer-me companhia, mantendo-se por perto na expectativa da cirurgia, da alta... E, ao mesmo tempo, ele estava retido em seu trabalho.

O pai estava, na mesma época, envolvido numa seleção para trabalhar como recenseador, no censo que se desenvolvia em todo o país; depois de dezessete anos sem poder trabalhar regularmente, encontrara aquela oportunidade aparentemente ao seu alcance, e nós ficamos orgulhosos por sua humildade e esforço; afinal, trata-se de um médico que perdera suas condições de exercer a profissão e defrontara-se com sérias limitações, por força de disfunções neurológicas e, então, conseguira engajar-se naquele treinamento. Ocorria-me que era bem oportuno aquele movimento protegendo-o da expectativa pelo resultado de meu exame.

Mas ele se entusiasmou tanto, que, ao me ver em casa, já passou a me solicitar para cada providência relativa à sua empreitada. Mesmo no hospital, onde passava os dias ao meu lado, apoiava-se eventualmente em minhas orientações. É a sua forma, agora, de participar das ocorrências de nossa pequena família: contudo, a palavra chave é exatamente esta, porque agora ele 'participa' e contribui conosco, conforme dá conta: não é mais tão dependente, como acontecia à época em que eu passara pelas duas mastectomias.

Tantos períodos difíceis e tantos contratempos que nós três vivêramos não tinham, afinal, nos atingido em vão. Cada um de nós (inclusive o pai) foi descobrindo seu jeito de encontrar as próprias forças e de evoluir, aos poucos, como ser humano.

Mas era eu que me defrontava novamente com o câncer e suas inevitáveis ameaças. Eles estavam ao meu lado: porém, cuidando também de suas próprias trajetórias, como só deveria ser.

Uns poucos amigos mais próximos e dois parentes apenas foram informados, então, do que se passava comigo: porque eu aprendera a atentar para a disponibilidade real das pessoas e não esperei, de ninguém, mais do que se poderia esperar. Alguns amigos mantinham contato, procuravam saber se precisávamos de algo, transmitiam-nos bastante ânimo e, de resto, nós três seguimos ajudando-nos mais de perto.

De outro lado, como já mencionei, minha mente é implacável quando fatos importantes estão se desenrolando no meu entorno: sou ainda muito exigente comigo mesma e ponho-me logo a ponderar sobre as causas do que se passa, para administrar melhor o que estou enfrentando. Aí vai, também, um hábito de terapeuta.

Quando soube que tinha um câncer na bexiga, fui logo investigar suas origens nos âmbitos físico e emocional. Compreender estas causas, me daria elementos para 'fazer melhor a minha parte' ao longo do tratamento.

Desta vez, foi fácil ir aos autores mais confiáveis e logo ficar sabendo que os tumores de rim e vias urinárias têm relação simbólica com resíduos de conflitos não elaborados ou superados.[3]

As vivências dos dez anos passados, desde o segundo câncer mamário até agora, foram me mostrando que os conflitos vindos de minha família original estavam compreendidos e superados. De lá, sobreviveram exemplos valiosos; por outro lado, as 'expectativas' (núcleo mais conflitante) daquele contexto ficaram para trás, não mais faziam parte de meus critérios de vida – sem mágoas, apenas também sem espaço. Até algumas fotos, que estiveram expostas sobre meu piano durante uns vinte anos, foram devidamente guardadas.

Sobraram, contudo, outros conflitos e não foi difícil identificá-los, 'engolidos sem mastigar', ao longo de meu casamento. Eram estes que precisavam, então, ser compreendidos e devidamente digeridos. O tempo, autores de boa credibilidade, a ajuda de algum colega experiente, as preces e reflexões sinceras me ajudariam, certamente, a alcançar as elaborações necessárias ao aprimoramento de meu equilíbrio e à proteção de minha saúde. Era uma questão de estar atenta e aceitar que Deus me guiasse,

---

[3] Dahlke, Rüdiger. *A doença como símbolo*. Editora Cultrix – São Paulo, 2006, Parte II: pp. 105 e 106.

como sempre precisamos, sem atropelar um processo como este que não se desenvolve de um dia para outro.

Paralelamente, meu marido e meu filho iam, em seus estilos pessoais, lidando com aquele momento de nossa família.

Meu marido dizia: "Se Deus quiser, o tumor não será infiltrativo", e com isso encerrava o assunto. Meu filho, ao saber que o cirurgião aventara uma boa possibilidade de se tratar de um tumor periférico, postou este comentário em sua página do 'facebook': "Mãe 3 X Câncer 0 – já se viu alguém mais guerreiro do que minha mãe?" Seu esforço para fortalecer meu otimismo era, portanto, ostensivo.

Tanto o pai, quanto o filho reagiram como se a natureza do tumor pudesse ser consequência do pensamento positivo que tivéssemos, como se ela já não estivesse definida antes da cirurgia, ali, dentro de minha bexiga. Ambos confundiam o nosso pensar com uma definição objetiva e impessoal da realidade. Ambos se recusavam a considerar que nós tínhamos, também, algum risco de vir a lidar com um inimigo forte e perigoso, se o tumor estivesse infiltrado.

Quando eu verbalizava que sentia, ao mesmo tempo, esperança e medo, meu filho respondia que não se podia dar chance ao medo, pois o 'otimismo é decisivo'. Claro que eu captava seu desejo de me ajudar a ultrapassar aquela expectativa e compreendia seu esforço nesse sentido. Todavia, a maneira de ambos lidarem com as ameaças do câncer era diferente da minha e esta diferença os distanciava de meu sofrimento, antes de me ajudar. Era eu que deveria, então, ajudá-los a lidar com aquela situação.

Precisei dizer, com firmeza, ao meu filho, que ele não devia confundir 'otimismo com onipotência' e esta foi uma argumentação difícil:

– Se você crê que seu pensamento tem o poder de determinar um fato, filho, você está reagindo com onipotência. Cuidado com os textos de auto-ajuda, que falam das possibilidades de nossa mente atrair e fortalecer energias positivas (ou negativas): isto não pode ser confundido com algum poder mágico de alterar fatos concretos da realidade.

"Com certeza, otimismo e pensamentos positivos influenciam muito a evolução das coisas e das doenças, favorecem os efeitos benéficos de um tratamento, assim como ocorre com a fé na bondade de Deus. Mas o otimismo do pensamento não tem, por si mesmo, o poder de alterar uma realidade em suas características próprias, definidas pela natureza e pela sabedoria do mesmo Deus, cuja compreensão, muitas vezes, está além de nosso alcance.

"Por isso, a gente precisa, sim, olhar para frente com otimismo, mas precisa igualmente ter a coragem de considerar que a realidade é como pode ser e não necessariamente como gostaríamos que fosse. Da mesma forma, a ajuda de Deus nem sempre nos leva na direção para a qual desejamos ir, porque Ele sabe da utilidade que cada experiência pode ter em nossa evolução ou, como se costuma dizer, Ele sabe o que é mais benéfico para nós.

"Se eu tiver que enfrentar um tumor infiltrativo, precisarei de todo o meu otimismo e de minha fé, igualmente, para discriminar o que esta vivência estará me ensinando, para ter coragem de crescer e me tornar, emocional e espiritualmente, mais forte, com a respectiva aprendizagem.

"Ser otimista é ter a fé de que, haja o que houver, a gente vai ter o amparo divino para administrar, da forma mais positiva possível, o que encontrar.

"Há muitas aprendizagens, na vida, que o ser humano só pode alcançar, por enquanto, pela dor ou sofrimento – e *não se trata de castigos*, mas dos únicos estímulos que, por vezes, nos dão chance de compreender o que realmente importa para seguirmos em frente, evoluindo.

"No meu caso, por exemplo, agora, a sabedoria de Deus poderá se revelar no alívio de um tumor periférico, ou no desafio de um tumor infiltrativo – e o que se acredita possível, através de milagres, é simplesmente o direcionamento sábio e coerente da natureza, da qual Deus é a própria essência. Se era infiltrativo o tumor que foi extraído de minha bexiga, nosso pensamento otimista não pode mais mudar isso, mas nosso otimismo e nossa fé em Deus nos darão a força necessária para lidar com isso."

A este ponto da argumentação, meu filho deu um violento pontapé no armário que havia à sua frente. Foi muito intensa a sua raiva, ao perceber que os fatos não são, simplesmente, como sua mente quer que sejam, mas são como devem ser em sua trajetória natural.

Ele me pediu desculpas e disse que estava tentando me ajudar mais do que podia. Estava mesmo, porque aquela era uma compreensão muito diferenciada para os seus vinte e cinco anos. Mas era minha, a maior responsabilidade de ajudá-lo a crescer com aquela vivência. Depois me pediu, carinhoso, que eu não deixasse o realismo me levar ao pessimismo, pois isso também não me ajudaria, com o que eu concordei, do fundo do coração, e arrematei:

– Pessimismo seria pensar só no pior e não acreditar em nossa capacidade de luta, como na bondade e ajuda de Deus: você tem esta mãe guerreira, exatamente porque não sou pessimista.

Aquela conversa com Mário Antônio foi penosa para nós dois. Eu ainda estava um pouco enfraquecida pela cirurgia recente, tratava-se da 'minha' vida, dali em diante, e também se tratava do sofrimento de 'meu filho', em meio a mais aquela situação difícil em nossa história familiar. Eu estava cuidando, ao mesmo tempo, das minhas ansiedades e das dele; o pai não chegava a se mostrar ansioso, embora preocupado; e tudo isso não era simples para mim, por eu ser uma terapeuta há trinta anos.

Foi mais uma situação na qual me perguntei: 'quem cuida de quem'? E, logo após o seu desfecho, me lembrei de vários casos de pacientes de câncer que acompanhei no consultório e que, assim como eu, administraram as emoções de seus familiares tanto quanto as suas próprias. Isto não é incomum, sobretudo quando é o paciente que centraliza as principais informações e decisões sobre seu caso.

Todavia, se os familiares (ou acompanhantes) de um doente perceberem que este está digerindo as angústias daqueles que o cercam, sugiro que os mesmos procurem um psicoterapeuta, ou alguém de bom equilíbrio, para conversar a respeito. Convém lembrar que as energias do doente têm prioridade e que ele precisa sentir-se protegido antes de ser o continente de outras ansiedades. A família não deve culpar-se, se algo assim acontecer, pois trata-se de circunstâncias que são, realmente, difíceis de serem controladas, portanto não se deve ter pudores de pedir ajuda.

É inevitável que os pensamentos e sentimentos de um doente (não só de câncer) sejam diferentes dos de sua família mais próxima: as posições de um e de outro são distintas, embora na mesma situação. Como certa vez me disse meu editor e amigo, é o doente que 'olha nos olhos do monstro' e que suporta, na pele e na mente, os males da enfermidade e do tratamento.

E a mesma família, de seu lado, vive outros sentimentos, porque acompanha os do paciente sem poder evitá-los, paralelamente à sua própria trajetória e responsabilidades, inclusive aquelas referentes aos cuidados que a doença exige.

Passada a fase de espera do meu exame anatomopatológico, que nos trouxe a bênção do resultado desejado (tratava-se de um carcinoma não infiltrativo!), eu perguntei a meu marido e a meu filho o que vinha sendo mais difícil para ambos, em todo aquele processo que enfrentamos juntos.

O pai confessou que tivera medo de que, desta vez, o câncer acometesse outros órgãos, ou seja, que eu enfrentasse uma metástase, mas, como médico, sempre tem esperança de que o melhor possa acontecer. Ele comentou também que rezava muito e que isto o acalmava e fortalecia sua confiança de que tudo acabaria bem. Como geralmente acontece, Mário não mostra o que sente e a calma predomina em sua aparência, a menos que fique mais seriamente deprimido, o que, felizmente, não chegou a acontecer.

Já Mário Antônio relatou que o pior de tudo era trabalhar, preocupado comigo e com o pai; tentara, o máximo possível, estar perto de mim e acompanhar também as reações daquele. Houve um dia em que escassearam as conduções na cidade e, como ele não estava preparado para tomar um táxi, depois de trabalhar o dia todo, foi a pé da rua Pedro de Toledo, onde fica o hospital, até as imediações do Ibirapuera, onde fica nossa casa: são dois bairros vizinhos, mas ele caminhou um bom pedaço, ainda sem jantar, muito preocupado e, quando chegou em casa, percebeu como estava difícil suportar aqueles dias.

Sua mente estava focada em três pontos ao mesmo tempo: eu, o pai e seu trabalho, que não podia ser interrompido enquanto nós passávamos por tudo aquilo. Enquanto eu estava no hospital, ele sentia que o equilíbrio de nós três dependia dele, porque eu não estava em minhas condições normais e o pai sempre inspira algum cuidado. Depois, a expectativa de resultado do exame ainda trouxe mais angústia, que só diminuiu ao termos aquela longa conversa e só passou com o próprio resultado do exame.

Aí está um bom exemplo de diferenças entre as emoções do paciente e de cada um de seus familiares. São universos distintos, partilhando o mesmo universo da doença: papéis diferentes de um mesmo contexto. Sofrimentos diferentes, mas nenhum menos difícil do que o outro, a menos que se trate de pessoa insensível – e é importante que, na família, todos tenham consciência disso.

Como se percebe acima, minha família e eu vivemos uma experiência de cuidados mútuos, ou seja: meu marido e meu filho procuravam atentar para o que eu pensava e sentia a respeito da doença, tanto quanto eu os observava em seu dia a dia e em suas formas de lidarem com a situação e com as providências que a mesma foi exigindo.

Nunca surpreendi resultados de comentários, feitos na minha ausência, sobre o que se passava comigo – tenho muitas razões para crer que suas conversas, relacionadas à minha doença, ocorriam de preferência na minha presença e isso foi muito bom, porque eu sabia claramente o que podia esperar e o que podia solicitar a cada um deles.

Nem sempre os familiares, como os médicos, ficam atentos para perceberem o que se passa na cabeça e no coração do doente, e este, por sua vez, nem sempre tem condições de tomar conhecimento daquilo que preocupa os que o cercam. O doente quer e precisa ser compreendido, ainda que no silêncio ao qual, por vezes, se guarda ou fica confinado – e ele tem este direito. Se não é função básica dos médicos atentarem para as angústias dos pacientes, quando há alguma sensibilidade para isso, 'tratar' das pessoas se viabiliza bem melhor.

Mas as famílias também precisam ser compreendidas em suas inseguranças, em suas sobrecargas, em seus desejos de oferecerem ao doente o que podem e o de que são capazes. Quando o pessoal médico atenta um pouquinho para o estilo familiar que cerca seus pacientes, pode guiá-los na busca dos profissionais que são treinados para compreendê-los, para conter suas angústias e orientá-los. Geralmente, são os psicólogos e, eventualmente, os assistentes sociais que assumem bem estas tarefas.

Inclusive aquelas famílias, que, por não se constituírem num grupo realmente agregado, não são disponíveis para dar ao paciente a atenção desejável, também precisam ser compreendidas, porque certamente têm seus motivos para não comporem um verdadeiro contexto familiar – e quando compreendidas pelos profissionais que orientam o caso, podem ao menos ser orientadas no sentido de buscarem, para seu membro doente, alguma alternativa viável de cuidados necessários.

É importante todos terem em mente que médicos tratam de doentes, a enfermagem os ajuda a tratar dos mesmos, enquanto se espera que as famílias cuidem daqueles – e 'cuidar' é a tarefa mais ampla, mais atingida emocionalmente, mais sofrida e extenuante de todas – e, ainda, pode ser tão responsável quanto os recursos médicos pela evolução de muitos casos. De que adianta, por exemplo, que os melhores recursos sejam prescritos, se não forem sistematicamente utilizados e aplicados? Raros doentes dão conta de seguirem, por si mesmos, tudo aquilo que lhes é indicado, sem as devidas providências e cuidados do âmbito doméstico ou, se necessário, hospitalar.

Portanto, as famílias precisam receber o olhar interessado dos profissionais, em seus vários níveis, e, se não o receberem, devem reivindicá-lo para serem devidamente encaminhadas a quem as possa supervisionar e amparar. São várias as ocorrências sobre as quais os familiares precisam de supervisão e de orientações práticas. Os pedidos para que eu escrevesse este livro já atestam isso.

Há situações, por exemplo, nas quais não convém, por razões emocionais e até humanas, falar sobre todos os detalhes de um diagnóstico com o paciente, embora este tenha o direito de ter conhecimento sobre o que se passa consigo. Nem se pode esperar que um doente colabore com um tratamento, cujos critérios não lhe são claros. Mas há limites, além dos quais, as pessoas não têm resistência mental para suportar sua própria realidade – e um dos casos que apresentarei em seguida ilustra bem isso.

É então que omitir algo ao doente se mostra um mal necessário, porque saber de tudo seria menos útil, apenas mais cruel, e *convém alertar aos familiares que jamais mantenham seus diálogos na presença daquele, ainda que em voz muito baixa.* Já tive ocasião de surpreender várias ocorrências, nas quais, ao contrário do que se pensa, o paciente semiconsciente acompanha praticamente tudo que se desenrola ao seu redor. Pois basta que nos ponhamos em seu lugar: ele já se encontra a mercê de uma doença grave, como o câncer; já se encontra, geralmente, a mercê das regras hospitalares e dos cuidados de enfermagem; ainda precisa se experimentar a mercê das únicas pessoas com as quais poderia contar como seus cúmplices na dor?

Se 'cuidar' de um familiar doente implicar, em certos momentos, em tomar decisões por ele e a seu respeito, isto não deve acontecer ao seu lado: deve-se comunicar a ele as decisões que precisaram ser tomadas e porque foram tomadas, se ele estiver lúcido.

Pacientes precisam ter sempre garantido o seu direito de se expressar e de expor, de alguma forma, suas preferências, seus anseios, e precisam sentir-se considerados nos mesmos anseios, ainda que estes não tenham uma realização viável.

Para tanto, é preciso que um diálogo tolerante seja aberto desde o início da doença. Quando fases mais delicadas ou mais avançadas ocorrem, os familiares já estarão em posição de respeitar as expectativas do paciente e este também terá alguma condição de compreender eventuais dificuldades e sofrimentos que a família esteja vivendo.

Há doze anos, eu vivi dois episódios de câncer com pouquíssima participação de meus familiares mais próximos, por circunstâncias compreendidas e superadas. Recentemente, porém, vivi um terceiro episódio no qual contei com minha pequena-grande família: e *os principais motivos de gratidão que esta família me proporcionou foram sua presença solidária, afetuosa e sua paciência em ouvir-me e se fazerem ouvir*. Eles foram 'meus fiéis escudeiros' em mais esta luta contra o câncer, na qual todas as pessoas se sentem, eu creio, um pouco 'Dom Quixotes', entre os medos do monstro (tão real) e os sonhos de vitória.

Vejamos como isso se expressa em diferentes histórias.

III – Marilda e Janete

Poema Transitório (1ª parte)

Eu nasci na Era da Fumaça:– trenzinho
vagaroso com vagarosas
paradas
em cada estaçãozinha pobre
para comprar
pastéis
pés de moleque
sonhos
– principalmente sonhos!
porque as moças da cidade vinham olhar o trem passar:
elas, suspirando maravilhosas viagens
e a gente, com um desejo súbito de ficar ali morando
sempre... Nisto,
o apito da locomotiva
e o trem se afastando
e o trem arquejando
é preciso partir
é preciso chegar
é preciso partir é preciso chegar...
Ah, como esta vida é urgente! ...

(Mário Quintana).

– "Donavobisco" o padre dizia, representado por um menino que tinha deficiência mental. Ele tentava imitar o padre da cidade, que começava a missa com os braços abertos, dizendo: *Dominus Vobiscum*![4]

"Sabe, doutora, a brincadeira de que eu mais gostava, quando era menina, era aquela: o batizado das bonecas. Minha mãe até ajudava a gente nos preparativos e nós, todas as crianças da redondeza, íamos para o pasto onde eram criados os bezerros dos proprietários do sítio em que morávamos e trabalhávamos, perto de Diamantina, a terra de Juscelino Kubitschek, em Minas Gerais.

"Ali, naquele pasto, havia uma árvore que dava flores amarelas, estou pensando em acácias, mas lá eles chamavam de outro nome; eram cachos de flores terminando em vagens que caem, talvez fios de ouro, como a gente também conhece aqui. Aquela árvore era para nós a 'igreja-mãe' da natureza.

"E, ali, dezenas de meninas e meninos se reuniam para batizarem seus filhos – sempre 'filhas', porque eram nossas bonecas de pano, todas 'meninas', com cabelos de linha grossa e corpo formado por enchimento de algodão ou de pequenos trapos; os olhos eram feitos de feijõezinhos pretos e um bordado vermelho fazia a boca; os bracinhos, perninhas, mãos e pés eram feitos com um molde recortado e eram costurados, depois acolchoados.

"Eu me lembro que tinha a Patrícia, a Bete, a Ângela... esses eram os nomes das bonecas. Não nasciam meninos nas nossas imaginações. Será que a gente pensava que os meninos eram diferentes, como se fossem burros?"

– Como assim, Marilda? – eu perguntei, desconcertada.

– Ah, doutora, os burros são filhos do cruzamento das éguas com os jegues: porque a mula, 'mulher do burro', não procria; ela também nasce da égua com o jegue, como o burro que só serve para puxar carroça ou carga.

"E, se o jegue macho, em vez de cruzar com uma égua, cruzar com uma jegue fêmea, então nasce o jeguinho, que,

---

[4] Do latim: "O Senhor esteja convosco" – Nota da autora.

depois, pode dar outros jegues ou pode dar burros e mulas, se cruzar com éguas.

"Por que será que a natureza faz assim? São animais diferentes..." e seu olhar se perdeu no espaço.

– Por que será que a natureza também faz o câncer, em tantas pessoas, não é, Marilda? Você imagina que as pessoas atingidas por essa doença podem ser diferentes, de alguma forma, como são as mulas e os burros?

– Não sei – ela respondeu, mas logo franziu o rosto e me olhou muito brava: – O que eu sei é que isso não vem de Deus! Pode até vir de alguma coisa ruim que se espalha na natureza, por arte do próprio homem, mas de Deus não vem! Deus não daria uma coisa como o câncer para os seus filhos! Ele pôs os burros entre os animais, mas os animais não se prejudicaram com os burros. Ele não poria o câncer em seus filhos.

– É, Marilda, eu conheço doentes de câncer que se sentem diferentes das outras pessoas; mas penso, como você, que Deus nos ama muito, e tem mais: Ele não é sádico. Se fosse sádico, não seria perfeito e então não seria Deus. Se o câncer existe, como existem as mulas e os burros, nascidos de espécies diferentes para puxarem cargas, deve ter uma razão de ser para algumas células se multiplicarem de forma diferente, formarem tumores e o câncer existir assim. Ele não faz nada de útil, só destrói – então, deve existir para que a gente aprenda alguma coisa quando o enfrenta.

"Há coisas, nesta vida, que o ser humano só consegue compreender por caminhos mais difíceis, como é o câncer por exemplo. Esta doença é uma carga terrível que muitos de nós carregam e, quando conseguem chegar vivos onde pretendem, descobrem várias capacidades que tinham sem saber, além de descobrirem do que a natureza, o corpo e a mente humana podem ser capazes com a ajuda de Deus...

"Há aqueles que não resistem, como muitas mulas e burros não suportam todas as cargas que levam; mas os

que resistem quase sempre progridem como pessoas, do mesmo jeito que os burros levam muito progresso em suas cargas tão pesadas."
– E a senhora leva progresso nos seus livros...
– Tomara que sim, Marilda. Mas eu queria dizer que tudo tem uma razão de ser. A gente não conhece todas as respostas, mas Deus sabe o que faz e, se Ele permite que existam coisas ruins, é porque alguma coisa de útil a gente pode aprender com elas. É isso que eu penso.

"Só que você estava me contando dos batizados das bonecas, fez um comentário sobre os burros e as mulas, a gente divagou, mas eu queria ouvir mais sobre aquela brincadeira."
– É mesmo – e ela voltou a sorrir. – Então, uma pequena cuia com água e um pauzinho qualquer era suficiente para o menino (aquele que imitava o padre) abençoar todo mundo, fazendo de conta que jogava água benta nas crianças, que eram 'as mães e os convidados'. Depois, ele ia de uma em uma das 'mães' e, com um sinal da cruz, dizia, por exemplo, "Marilda, sua filha está abençoada", e cada uma de nós também fazia o sinal da cruz.

"Perto daquela árvore, tinha um lugar onde os passarinhos se alojavam e se protegiam da chuva; depois do batizado, a gente se reunia ali para o farnel: era o jantar de comemoração do batizado, em panelinhas e pratinhos feitos de argila e com sobras das comidas trazidas de nossas casas; para nós era uma deliciosa refeição."

* * *

O relato acima foi um progresso, na relação comigo, em uma das primeiras sessões da terapia de Marilda. Ela chegara com muita raiva, por ter recebido o diagnóstico de um câncer no estômago; estava de mal com o mundo, como se todos à sua volta tivessem alguma culpa por seu sofrimento. Fazia pouco tempo que tinha sido orientada a passar por sessões de quimioterapia antes de uma cirurgia, na qual possivelmente o órgão fosse extirpado por completo.

Eram muitas notícias assustadoras de uma só vez, para ela e para sua família, composta de um filho casado, pai de um menino de quase um ano, e uma filha, também casada, que estava tentando engravidar. Marilda era viúva há doze anos e a perda do marido havia sido um trauma, para toda a família, associado a cirurgias e hospitais.

Ele tinha operado o coração, a cirurgia tinha sido aparentemente bem sucedida, mas, de repente, passados apenas dois dias, ele foi transferido para outro andar. Estava com o abdômen inchado como um balão inflado, mal conseguia falar e apenas perguntou, sussurrando para Marilda, 'por que estava daquele jeito?'

Os médicos alegaram uma brusca infecção hospitalar e, em mais dois dias, ele faleceu. Tinha ido para o hospital, com grande esperança de retornar curado e de ter uma vida de melhor qualidade. Marilda me contou isso, comentando que "durou menos de uma semana aquela esperança e foi-se tudo para o ar".

Agora, ela não queria entrar também numa grande cirurgia. Ficara com a impressão de que "só se vai para o hospital para dar à luz ou para morrer", como aconteceu em sua casa.

De fato, Marilda se sentia dividida. Uma de suas irmãs já tinha operado "metade do corpo" e ficara muito bem. O medo, porém, a ameaçava mais do que a esperança podia tranquilizar e a opção de aceitar a intervenção vinha do conhecimento de que, se não tentasse, provavelmente não sobreviveria ao câncer. Decidiu, então, colocar-se nas mãos do mesmo cirurgião que, por mais de uma vez, salvara sua irmã – e ele apostava em sua recuperação com a cirurgia.

Havia também um receio de que os filhos estivessem mais apreensivos do que ela. Ambos faziam mais do que podiam para cercá-la de todos os cuidados, inclusive a terapia comigo e o uso de um quimioterápico oral, caríssimo, que talvez seu convênio de saúde não cobrisse. Tudo isso era, para ela, sinal de que seus filhos tinham muito medo e ela insistia em transmitir-lhes que estava bem, confiante, que tudo daria certo e que eles não deviam se prender à lembrança da morte do pai: "o que passou, passou..."

Para mim seu relato era exatamente este, conforme minhas anotações:

– Eu já disse para Deus que não tenho medo de morrer, mas não quero ficar numa cama dando trabalho para todos; se não puder ficar boa e continuar cuidando de mim mesma, eu já pedi que Ele me leve. Meus filhos não sabem disso, estou fazendo o que aguento para não deixá-los mais nervosos.

Marilda repetiu-me este discurso várias vezes e eu procurei conscientizá-la de que ela sempre poderia se abrir plenamente, ao menos "com Deus, comigo e com seu médico". Nós até poderíamos dar-lhe algumas respostas imediatas; as respostas de Deus vêm aos poucos, com a vida, mas nos ajudam muito se lhes dermos atenção. Assim, cada um de nós vai aprendendo a administrar as próprias dificuldades e a lidar com as pedras dos caminhos... E lhe mostrei algumas diferenças na postura daquela senhora que chegara, tão agressiva, ao meu consultório, que depois me mostrou as raízes de amor de sua infância e que aos poucos estava deixando que seu potencial de luta, através do amor pela vida, fosse tomando o espaço da raiva em sua mente, à ponto de, então, poupar seus filhos como podia para diminuir o sofrimento deles com sua doença.

Ela ainda ficava muito zangada com algumas coisas, como os efeitos colaterais da severa quimioterapia que estava fazendo, os desconfortos causados pelo *port-o-cath*, que fora obrigada a usar, para a administração continuada dos quimioterápicos, a tristeza causada pela calvície... motivos muito compreensíveis de irritação. Mas já não se expressava com tanta revolta como antes. Seu aborrecimento já era bem mais proporcional aos sofrimentos pelos quais estava passando e, depois de desabafá-los, sempre arrematava:

– Doutora, a senhora não faz idéia de como meu neto é lindo! Aquelas coxas gordas, aqueles olhinhos, aquele sorriso me deixam fora de mim. Ele abre os bracinhos para vir no meu colo, eu pego ele e esqueço até do *port-o-cath,* que pode me machucar. A alegria que ele me passa é a coisa mais linda que eu tenho, hoje, na vida.

A lembrança daquele bebê, como de sua própria infância, sempre fortalecia sua ligação com a vida. Afinal, com o neto (que não era responsabilidade sua, como os filhos foram) ela tinha a chance de brincar, exatamente como brincara com suas bonecas de pano que nunca eram meninos!

Isso permitiu que eu lhe mostrasse como nossas emoções podem ajudar ou dificultar a evolução de uma doença: a raiva, antes tão intensa, só podia estimular seu estômago a produzir mais acidez, que devia ser um fator agravante do tumor, por exemplo, enquanto o amor e a alegria que ela experimentava com o neto, ou revivendo seus batizados de bonecas, traziam-lhe uma disposição muito maior para aceitar seu tratamento e lutar pela vida. Da mesma forma, os cuidados de seus filhos até podiam significar que eles tinham medo, mas não só isso: seguramente eram a expressão do amor deles por ela!

Em sua simplicidade, Marilda sempre mostrou assimilar claramente o que eu lhe interpretava, a ponto de fazer-me, ela própria, esta descrição:

– Doutora, eu tenho sessenta e cinco anos. Minha mãe fez, sozinha, o parto em que eu nasci, naquela roça de Minas Gerais de que eu já falei pra senhora, e depois esperou minha tia chegar para cortar o cordão umbilical. Ela teve catorze filhos, três vezes foram gêmeos. Oito sobreviveram e agora somos três. Ela mesma faleceu de câncer no intestino, com sessenta e seis anos (a minha idade); meu irmão também se foi com câncer no estômago e outra irmã teve câncer no ovário.

"Eu cresci na roça, trabalhando pesado desde pequena: plantava de tudo que tivesse força, aprendi a laçar gado e a matar animais. Hoje limpo casa, cozinho, costuro... e estudei até o ginásio (ou 8ª série); só não fui 'uma qualquer'. Com dezessete anos, resolvi e vim para São Paulo para poder ganhar melhor e me divertir mais, poder 'ganhar meu mundo'. Trabalhei no aeroporto de Congonhas, no escritório de uma empresa de aviação, e só deixei aquele trabalho, de que gostava muito, quando vieram meus filhos e eu precisava cuidar deles. Não é porque eles são adultos, agora, que não precisam mais que a mãe os ajude. Se eu não posso ajudar materialmente, faço minha parte de mãe e evito que eles sofram mais do que já estão sofrendo com a minha doença.

"A senhora não imagina como eu gostaria de estar ajudando, cuidando deles e do meu neto, em todos os sentidos. A senhora está certa quando me fala que os momentos de amor ajudam a vencer a doença, porque, quando eu consigo fazer para os meus filhos uma comida que eles gostam, quando passo algumas horas com meu neto, nada dói no meu corpo e parece que minha força antiga está voltando."

Marilda me mostrou a história de uma família na qual cresceu e que, a despeito de uma vida rude, transmitiu-lhe um forte senso de amor e solidariedade, com uma bela fé em Deus. Infelizmente, ela também trouxe consigo o medo de não merecer o amor que recebia – e eu me esforcei muito para dissuadi-la desse medo.

Agora, enfraquecida por uma doença grave e um tratamento igualmente agressivo, a família que ela construiu com o marido veio a reproduzir sua razão de viver, a ponto de ela se preocupar mais em não abusar dos filhos e em poupá-los, do que em poupar a si mesma. Eu nunca soube, pelos relatos que me fez sua filha, que ela permanecesse na cama por um minuto a mais do que seu corpo exigisse, após uma sessão de quimioterapia. Reclama quando sente dor, fica zangada, mas basta sentir-se melhor para levantar-se e cuidar disso ou daquilo em sua casa.

E sua família, como se coloca?

O filho acompanha tudo que se passa com ela e eventualmente a acompanha também, mas é a filha que, desde o início, assumiu e cuida de perto de tudo quanto Marilda necessita em seu tratamento.

Janete. Esta é a filha de Marilda, que tinha vinte e um anos quando o pai faleceu e trinta e três anos, no início de 2010, quando foi diagnosticado o câncer da mãe. Desde então, Janete não dá muita chance de que alguém assuma seu posto, ou passe à sua frente nas decisões referentes ao tratamento daquela.

Casada, antes que Marilda adoecesse já estava envolvida em exames e tratamentos que lhe possibilitem engravidar. É profissional liberal e trabalha, em período integral, numa empresa de recrutamento de recursos humanos. Seu marido mostra-se, pelas posturas que mantém, uma pessoa bastante responsável, afetiva e saudável. O casal parece entrosado e se apóia bem mutuamente.

A preocupação de Marilda em atenuar as angústias e desgastes dos filhos, sobretudo de Janete, não é um exagero: porque sua filha portou-se sempre como sua companheira; mas cuidar da própria casa, do marido, trabalhar o dia todo, marcar exames, consultas, sessões de quimioterapia e levar a mãe a cada compromisso destes não se constitui em tarefa pouca ou fácil.

E, principalmente antes da cirurgia, ainda havia, para Janete, o contexto familiar como um todo a quem dar satisfações: o irmão, a cunhada e as tias, além de pessoas amigas. Mesmo que nem todos fossem muito presentes, quase todos têm sempre alguma opinião subjetiva a oferecer, na ponta da língua, como a tranquilizarem a si mesmos 'por estarem tentando ajudar'.

Janete passou por várias espécies de pressões (internas e externas) que se pode enfrentar, cuidando de um parente gravemente enfermo – e dividiu seu potencial de amor entre o marido, a mãe e várias tentativas de inseminação artificial, em seu imenso desejo de também ser mãe; paralelamente, enfrentou a autorização para uma cirurgia mutilante de Marilda, no desesperado desejo de salvar a vida desta.

Ser mãe e filha, ao mesmo tempo, nos momentos de ameaça, não é fácil para ninguém. Também difícil é a ameaça que a vida nos apresenta de não conseguirmos o que desejamos. Janete esforçou-se, naturalmente e com muitos recursos que a ciência oferece, para ser mãe. Na última vez em que conversamos, em junho deste 2011, ela me contou que 'resolveu desencanar'. Ainda poderia prosseguir em algumas outras tentativas, mas algo em seu coração lhe disse para deixar que a vida se manifeste (ou não) por si mesma. Esta decisão lhe trouxe mais serenidade.

Mais difícil, porque não se tratava de ouvir o coração, foi decidir sobre a cirurgia de sua mãe. Foi convencida pelo médico e pela família e autorizou que o estômago daquela fosse extraído.

Quando veio, pela última vez antes da cirurgia, ao meu consultório, Marilda havia se agarrado à esperança de poder viver bem, livrando-se do câncer e adaptando-se a uma nova dieta. Fora informada, inclusive, de que poderia comer praticamente tudo que aprecia. Ela conseguiu derrubar, mentalmente, os monstros que eram para ela uma cirurgia e uma UTI. E foi em frente sem pestanejar – ou, mais uma vez, poupou a todos os que amava da angústia que podia estar suportando. Creio que ambas as possibilidades aconteciam, então.

Mas, ao abrirem seu abdômen, a cirurgia mostrou-se inviável. A despeito da quimioterapia, o câncer estava mais avançado do que se constatara nos exames, embora inicialmente houvesse diminuído.

Ela nunca fez perguntas sobre o resultado da intervenção. Parecia ter se dado conta e não querer pensar no assunto.

Sua filha, porém, teve uma frustração que eu considerei traumática. Nunca vi Janete tão descompensada como na noite posterior àquela cirurgia. A raiva e a dor se debatiam entre suas emoções e nenhuma palavra parecia acalmá-la. Vi, naquela moça, a inconformação de um líder cuja decisão não tivesse sido bem sucedida – e que ainda receava ter alguma culpa, pelo risco de perder seu modelo mais importante.

Certamente, foi uma inspiração do além que me ajudou a mostrar-lhe que um médico realista, experiente e humilde é mais eficiente e humano do que outro, vaidoso e onipotente, que poderia ter levado sua mãe à morte naquela cirurgia. Esta frase devolveu alguma calma à expressão de Janete, ainda que também por exaustão.

Importante foi nós duas, juntas, abatermos aquela revolta que não fortaleceria Marilda e roubaria muita energia tão necessária, também, à própria Janete. Naquela noite, as reações da filha quase se misturaram, em minha mente, à lembrança que tinha de sua mãe, quando a recebi pela primeira vez. Janete mostrava-me um padrão de personalidade extremamente parecida à da mãe. Mas, como esta, também foi capaz de recompor-se. Ainda conseguiu explicar-lhe, serenamente, que a quimioterapia seria o grande trunfo dali para frente.

E Marilda voltou para casa.

Janete e o marido tinham várias questões a serem atendidas: a continuidade dos cuidados com Marilda, a situação financeira que se reduzira e a dívida antes contraída na compra de um apartamento, maior do que o que tinham, já que pretendiam ter um filho. Cuidar da mãe, morando em outra residência, exigia um esforço muito intenso. E, dali em diante, poderia ser preciso acompanhá-la mais de perto. O casal modificou, então, toda a sua rotina de vida: foram morar na casa de Marilda, para atendê-la com menos desgaste e para conciliarem as demais preocupações. Como Janete trabalha o dia todo, contrataram também uma cuidadora.

Foram ambos capazes de um desprendimento que exige mais do que vínculos afetivos. Para fazer o que fizeram, *é preciso que o contexto familiar 'faça grande diferença' na vida das pessoas envolvidas* – e, talvez, eles nem tivessem plena consciência disso, como adiante pude perceber.

Assim, eles seguiram em frente: mãe, filha e genro juntos, mais o filho, nora e neto que também participaram de tudo, à sua maneira.

Alguns meses depois da cirurgia, Marilda teve um acidente cárdio-respiratório agudo e foi levada, às pressas, para o hospital e para a UTI. Recuperou-se e voltou para casa. Enquanto termino este capítulo, está em avaliação a possibilidade de suspenderem a quimioterapia tradicional que ela vem fazendo e de usarem outro estilo de combate ao seu câncer. Ela, de sua parte, vai eventualmente à feira, escolhe suas verduras preferidas, ajeita isto ou aquilo em sua casa e dá palpites no que acontece àqueles de quem gosta, bem a seu jeito de relacionar-se com os mais próximos. Expressa uma gratidão profunda e grande orgulho pelos filhos, além da conhecida alegria que o neto lhe proporciona.

Eu mantenho contato com Janete, por telefone. Ela tem, agora, uma terapeuta credenciada por seu convênio de saúde. E não é oportuno manter a terapia de Marilda. Mas ambas sabem que eu não romperia, mesmo à distância, o vínculo humano que se estabeleceu entre nós, ainda que tenha sido interrompido nosso vínculo profissional.

Janete me conta que sua mãe tornou-se uma pessoa muito mais tolerante, prosseguindo sem esmorecer em sua caminhada sempre tão difícil e vivendo, bravamente, um dia de cada vez.

Penso que aquela árvore de flores amarelas, a 'igreja-mãe da natureza', de que Marilda me falou, lá atrás, e que seu coração trouxe viva desde sua infância, daquela roça perto de Diamantina, foi um especial modelo que a inspira até os dias de hoje e que ela transmitiu, pelo menos, à sua filha. Marilda é como aquela árvore, que tem a ternura em suas flores, a despeito de seu tronco rústico. Como as árvores, quando for a hora de Marilda partir, simbolicamente, descansará de pé!

Ela não nos deixará, eu creio, a imagem de uma pessoa que tenha sido abatida, nem mesmo pelo câncer.

E Janete, que venceu as difíceis etapas de convencimento da mãe para se submeter a tantos exames, à quimioterapia, às hospitalizações, à cirurgia; que suportou, ao mesmo tempo, as ansiedades da mãe e as suas; e que segue cuidando dela, de seu marido, de uma casa e de seu trabalho, com o mesmo desvelo de sempre, mandou-me um e-mail assim:

"Eu tenho que lidar com muitas coisas ao mesmo tempo e percebi que a vida de minha mãe importa muito, mas também percebi que eu não posso 'viver por ela' e não posso deixar de viver minha própria vida, porque ninguém poderá viver também por mim. Me esforcei, durante anos, para engravidar e não desisti de ser mãe, mas resolvi que isso não tem que ser mais uma luta sofrida. Quero lidar bem com meu marido, preciso de meu trabalho, minha mãe precisa de nossa ajuda, e às vezes penso que vou explodir. Mas depois reencontro forças, não sei de onde...

"Acho que meus objetivos me fazem ir para frente. A vida tem seu curso próprio e nós influenciamos esse curso com nossas escolhas, mas não controlamos tudo, como gostaríamos. Então, a gente aprende a não desistir e nem desperdiçar o que pode ser bom.

"Cada um de nós: minha mãe, meu irmão e eu (a família que ainda somos), aprendeu à sua maneira, eu percebo, com a doença de minha mãe. Ela se revoltava tanto, quando era contrariada, hoje está tão resignada... Eu estou aprendendo a encarar nossos limites, sem sentir que a vida vale menos por causa deles... Gostaria muito de ser a mãe de uma criança gerada por mim, dar mais um neto à minha mãe, mas, se isso não for viável, vou cultivar com meu marido, o melhor que pudermos, a nossa própria família, procurando não perder cada coisa de valor que a vida nos apresenta.

"Meu irmão não mostra muito o que sente, mas ninguém acompanha um câncer como se fosse uma vivência comum.

"Houve momentos que doeram demais para mim – cheguei a ficar de mal com a vida, mas entendi que ela é assim mesmo e hoje eu sei que ela pode mudar em menos de um segundo. Então, aprendi a dar valor para o calor do sol, a umidade da chuva, um dia bonito... as coisas mais simples!

"Eu aprendi que a família, com a qual a gente pode sofrer tanto, é a coisa mais valiosa que podemos ter na vida – depois de nossa saúde – e não são os laços de sangue que definem os membros de uma família."

Ao tratar de Marilda, conheci suas lutas e as de Janete, que, antes destas, já tivera extraída a tireóide por causa de um tumor. Desejo, de coração, que um dia Janete descubra que algumas mulheres têm seus filhos sem nunca aprenderem a ser mães, enquanto outras são mães primorosas, mesmo sem nunca terem gerado uma criança: porque ser mãe, de fato, é ser capaz de desenvolver a humilde e forte postura materna, sempre que o mundo nos peça isso.

A história desta mãe com seus filhos levou-me a observar, uma vez mais, como a instituição familiar faz diferença no desenvolvimento do ser humano, mesmo podendo, por vezes, semear emocionalmente sérias doenças. Levou-me também a refletir como, provavelmente, tudo nesta vida pode ser transmutado em alguma experiência construtiva. Creio que o câncer seja apenas um exemplo mais marcante desta conclusão.

IV – Jorge e suas filhas

Ausência

Por muito tempo achei que a ausência é falta,
E lastimava, ignorante, a falta,
Hoje não a lastimo.
Não há falta na ausência.
A ausência é um estar em mim.
E sinto-a branca, tão pegada,
aconchegada nos meus braços,
que rio e danço e invento exclamações alegres,
porque a ausência do afeto real,
essa ausência assimilada,
ninguém a rouba mais de mim.
    (Carlos Drummond de Andrade).

 Jorge foi encaminhado a mim, para terapia, por uma psicóloga do vale do Paraíba, berço de toda a família de meu pai. Todavia, eu não conhecera sua família antes.

 Foi gratificante reencontrar, neste paciente, referências e hábitos daquela região que conheço muito bem e na qual também tenho algumas raízes.

 Outro aspecto deste trabalho, ao contrário, foi uma pena: só pude tratar de Jorge por dois meses: a evolução de seu caso, do diagnóstico ao desfecho, deu-se entre dezembro de 2009 e março de 2010.

Ele estava casado pela segunda vez, pois sua primeira esposa falecera, com leucemia, dezessete anos antes. Aquela união deu-lhe duas filhas: Heloísa, então com trinta e cinco anos e Helena, com trinta e três. Sua esposa atual não se mostrou de muita iniciativa, tanto assim que as filhas assumiram todas as providências que sua doença exigiu.

Elas me contaram que eram adolescentes quando sua mãe ficou doente e os pais já haviam se separado, mas Jorge cuidou da ex-esposa nos seis meses de vida que ela teve a partir daquele diagnóstico. As filhas só foram informadas de seu quadro quando ela foi para a UTI; então, o pai decidiu dizer-lhes a verdade que a mãe lhes escondera.

Quando Jorge adoeceu, aos setenta e um anos, a família já não era um grupo muito integrado, pelo menos desde a morte de sua primeira esposa. Helena já tinha sua própria casa em São Paulo, cidade em que ele também residia com a esposa, e Heloísa morava no interior com a avó. O que os unia eventualmente era um sítio, no vale do Paraíba, do qual Jorge gostava muito e onde se reuniam quando era viável para todos.

Ele e a segunda esposa tinham o hábito de viajar com frequência, em diferentes passeios.

Em novembro de 2009, dirigindo seu carro rumo ao sítio, Jorge teve um intenso tremor facial que o obrigou a parar na estrada; foi socorrido pelo Resgate e levado, no meio da tarde, para um hospital do SUS numa pequena cidade das imediações; sua filha só conseguiu uma informação sobre seu estado, por volta das dez horas da noite: um neurologista disse-lhe que o pai teria tido um AVC não hemorrágico.

Para conseguir sua transferência, seria necessário o pedido de um médico responsável. Com a ajuda de uma pessoa amiga, a transferência foi solicitada, na mesma madrugada, por um cardiologista do Hospital do Coração e para lá ele foi transferido. Todavia, Jorge foi retido naquele hospital por mais cinco dias, sob pretexto de estar sendo medicado;

então, ficou clara a questão: o médico que o atendera, ali, não era credenciado pelo seu convênio, razão pela qual a família teve de pagar seus honorários por aqueles cinco dias...

Finalmente, as filhas conseguiram transferi-lo para um hospital que tinha a cobertura de seu plano de saúde. Até então, só conseguiram saber que o que o pai tivera, realmente, na estrada, havia sido uma convulsão.

No hospital de seu convênio, em São Paulo, o caso foi acompanhado por um neurologista argentino que foi muito frio e rude, tanto com ele como com suas filhas. No início de dezembro, após uma ressonância magnética, aquele médico anunciou-lhes a existência de um tumor cerebral, o que tornava necessária uma biópsia, como se se tratasse de uma doença muito comum: ele desdenhava da aflição de todos, "que deveriam encarar a moléstia com mais naturalidade, como um fato próprio da vida, assim como o paciente, que não deveria reagir com covardia..."

Mais tarde, o mesmo médico informou-os, por telefone, que a biópsia fora inconclusiva e, portanto, não esclarecera a natureza do tumor.

Adiante, outro exame revelou tratar-se de um tumor maligno e, então, eles buscaram orientação no Hospital do Câncer, onde, afinal, encontraram um bom atendimento. Ali, o neurologista que assumiu o caso informou-lhes, porém, que o prognóstico de Jorge não lhe daria muito tempo de sobrevida. Tratava-se de um glioblastoma multiforme, tipo agressivo de câncer, no lobo frontal.

Todos muito assustados, como só poderiam estar, foram então encaminhados a mim para ajudá-los (principalmente ao próprio Jorge) a enfrentar aquela situação.

A orientação médica mais imediata era no sentido de que ele deixasse seus bens regularizados e encaminhados, conforme sua vontade, para ser operado o mais brevemente possível – pois, após a cirurgia, poderia vir a ser mais difícil lidar com a questão dos bens de família.

Jorge programou-se objetivamente e registrou seus imóveis em nome das duas filhas; tomou também providências referentes à sua pensão, em caso de falecimento. Cuidar dos bens materiais parecia não ser angustiante para ele, que se mostrava muito prático sobre estas questões.

Sua ansiedade maior se concentrava na perspectiva da cirurgia, isto é, das incógnitas que cercavam o resultado daquela intervenção.

Estava muito agitado quando veio, pela primeira vez, ao meu consultório; sequer conseguia parar sentado para conversar comigo e questionava muito se deveria mesmo submeter-se à operação: que vantagem haveria nisso, se já lhe haviam prevenido de que teria pouco tempo de vida...

Eu consegui interpretar-lhe que, se um neurologista experiente, de um hospital que é referência em cuidados sobre o câncer, indicava a cirurgia com urgência, isto só poderia significar uma possibilidade de ampliar e/ou melhorar sua sobrevida mediante a extração do tumor. Ao mesmo tempo, era de se supor que não houvesse possibilidade de lhe indicarem, com segurança, outras medidas terapêuticas, sem tentarem a mesma extração.

Parece que meus argumentos o conformaram um pouco mais a seguir a orientação médica e eu entrei, então, com exercícios de relaxamento para ajudá-lo a administrar a ansiedade e a dormir melhor, pois mesmo com auxílio medicamentoso ele dormia por poucas horas. Também suas filhas não podiam dormir, pois eram elas que se revezavam para ficar com ele durante as noites.

A esposa preparava as refeições, servia-o e ficava por perto durante o dia, mas nunca se manifestou muito na minha presença, seja no consultório ou nos atendimentos domiciliares que eu fazia após a cirurgia. Apenas comentava que era difícil cuidar dele, o que era verdade, porque tratava-se de um homem de temperamento forte e que estava demasiadamente angustiado.

Antes de ser operado, ele sempre vinha ao meu consultório com uma das filhas e às vezes também com a esposa. Quando entrava em minha sala, dizia repetidamente:

– Deixa eu conversar com a Antonieta, que ela me acalma.

Embora medicado, não tinha quase nenhuma condição de autocontrole da ansiedade e da inquietação. Suas filhas me informaram que ele sempre fora impaciente, um tanto agitado e autoritário; nunca teve muita resistência à frustração.

Quando o conheci, tive a impressão de que era como se aquele tumor tivesse tomado conta de seu cérebro e de sua mente, porque ele estava totalmente a mercê da doença e centralizava, neste assunto, a atenção de quantas pessoas houvesse à sua volta, sempre se queixando de que não conseguia mais ficar em paz e de que não conseguia dormir. Felizmente, não apresentava dor, porque seu sofrimento era visivelmente intenso.

Gravei, em fita, exercícios de um treino autoinduzido de relaxamento para ser usado principalmente à noite, quando permanecia acordado e ficava ainda mais angustiado; ele exigia a companhia de uma das filhas, também para ouvir aquela gravação – como se, sozinho, tivesse mais dificuldade de se concentrar.

A única esperança que parecia ter era de que alguém conseguisse fazer algo para aliviar sua tensão – era como inocular nos outros o desejo de aquietá-lo, o que ninguém conseguia, quando ele próprio não fazia esforço para se controlar.

O Jorge que eu conheci, já doente, era como um menino agitado que raramente dormia ou parava de resmungar. Ele não chorava, mas reclamava atenção e ajuda, geralmente agoniado e às vezes muito bravo.

Conversei com seu neurologista e fui esclarecida de que sua agitação era acentuada pelo tumor, além dos traços já existentes de personalidade.

Os únicos assuntos nos quais se detinha um pouco, comigo, além de seus sintomas, eram sua falecida mãe e as melhorias que ele planejara para o sítio: muito compreensível, pois, como em todas as pessoas gravemente doentes, seu comportamento regredia e, quando um comportamento regride, emocionalmente, é da mãe que se costuma lembrar com prioridade, assim como das circunstâncias que antes proporcionavam prazer.

Estes temas entraram em cena desde que lhe perguntei qual tinha sido a pessoa que, antes, melhor havia cuidado dele – e ele respondeu que tinha sido a mãe, descrevendo como ambos se relacionavam: "ela era sempre muito atenta, porém sem mimos".

Então, quando suas queixas começavam a ficar exacerbadas e não se podia fazer mais para acalmá-lo, eu lhe pedia:

– Conta um pouco mais de sua mãe pra mim.

E ele repetia o que já havia contado, mas, naqueles breves momentos, sua expressão mudava... ele parecia mais calmo, como se se transportasse para outros tempos nos quais não havia aquele sofrimento. Era exatamente como distrair uma criança irritada.

O trabalho, do qual estava aposentado, também fora um foco de grande satisfação em sua vida; empreendedor, ele houvera conduzido a informatização do banco público onde trabalhara por muito tempo e parecia ser bastante admirado pelos companheiros. Deve ter sido um líder, que desenvolveu e manipulou tudo que pôde e, agora, se via refém de um tumor e da insegurança diante de uma cirurgia cujos resultados ele temia muito.

Não querendo ser visto por nenhum outro parente ou amigo, manteve-se confinado em seu apartamento ou no hospital, na companhia da esposa e das filhas.

Depois da operação, seu quadro só se agravou: perdeu o controle dos esfíncteres vesicais (músculos relacionados ao ato de urinar), mas queria continuar usando o banheiro, apesar da dificuldade que passou a ter também para caminhar: uma de suas pernas era 'arrastada' e isto o limitava amplamente; a dificuldade de conciliar o sono prosseguiu inalterada e, então, ele entrou num processo de revolta e desistiu de viver – pedia à família, ao seu médico, enfermeiros e a mim que o ajudássemos a morrer.

Jorge queria, literalmente, que alguém lhe aplicasse uma injeção letal para pôr fim aos seus sofrimentos, já que não havia esperança de que melhorasse. Qualquer argumento de que poder-se-ia alterar sua medicação para algo mais eficiente era inútil, pois ele não acreditava em mais nada.

Igualmente inútil era lhe dizermos, com calma ou energia, que ninguém teria o direito de atender um pedido daqueles, nem ele tinha o direito de abreviar a própria vida. Ele discordava, argumentando que já estava condenado e só queria ser aliviado do que passava. Por mais de uma vez, em seu apartamento, mesmo com dificuldade, tentou alcançar a janela para saltar dali.

Era um difícil desafio acompanhar seu sofrimento, sobretudo o emocional. Sem hábitos de religiosidade, sua crença em Deus também não parecia muito consistente. Assim, sua ligação com a vida era mais restrita aos aspectos físicos e materiais. Embora tenha antes se mostrado um homem bom e, mesmo durante a doença, chegasse a mostrar-se afetivo em alguns momentos, depois da cirurgia parecia sufocado pela irritação e pela revolta.

Tornou-se, então, inviável dar-lhe alguma ajuda psicológica satisfatória. Permaneci à disposição das filhas, com quem conversei ainda algumas vezes e notei que elas praticamente só contavam com apoio uma da outra e vice-versa, já que mesmo as pessoas mais próximas estavam barradas pelo desejo do pai de não ser visto doente. Praticamente, só uma prima manteve seu apoio a Heloísa e Helena.

Eventualmente, uma delas se impacientava com as reações do pai e depois confessava-me sentir-se culpada por ter sido enérgica com ele; e eu procurava estimular ambas a serem humanas, também, consigo mesmas.

A segunda esposa de Jorge tinha, igualmente, duas filhas de seu casamento anterior. Uma delas morava em Londres e tinha uma criança pequena. No meio daquele drama, veio ao Brasil (a passeio) com a filhinha e hospedou-se no pequeno apartamento do casal. Na época, eu fazia atendimentos domiciliares e presenciava um ambiente surrealista: um senhor gravemente doente, descompensado, uma criança fazendo barulho de um lado para outro e mais três ou quatro mulheres adultas circulando por ali com diferentes focos de atenção. Ele só podia, é claro, ficar atordoado e mais irritado.

Impressionava-me, naqueles atendimentos, a capacidade de certas pessoas se conduzirem somente em função de seus interesses imediatos, sem consideração sequer pela privacidade de um doente incurável e de seus familiares próximos. Ao mesmo tempo, era a frieza da esposa que dava margem àquela situação, além de sua falta de afetividade só agravar a amargura dele.

Naquelas poucas horas em que permanecia ali, eu identificava claramente o protótipo de família na qual algumas pessoas só se ligam ao grupo, enquanto houver nisso alguma oportunidade de prazer ou satisfação de interesse imediato – o tipo de agregação familiar que se intensifica atualmente, nas sociedades de consumo, entre jovens, como entre os mais maduros.

Enquanto Jorge parecia ter buscado por uma esposa e companheira, aquela que ele encontrou parece ter se interessado simplesmente por um bom parceiro de viagens e festas, um bom provedor de seus desejos. As expressões dele, fazendo menção a ela, deixavam entrever um silencioso desapontamento.

Como era previsível, quando ficaram mais difíceis os cuidados domésticos, ele foi internado. A quimioterapia não lhe trouxe benefícios e, no período terminal, foi sedado. Embora este seja um cuidado paliativo, para suprimir o sofrimento sem abreviar a vida do paciente, Heloísa revelou-me adiante que foi muito penoso para ela o dia da sedação do pai: ao mesmo tempo em que estava sendo aliviado, também estava sendo desligado – a simulação da morte antes da morte real.

Jorge faleceu no início de março de 2010. Como mencionei de início, a história de seu câncer abrangeu três meses de muita angústia e de decepções, para ele como para suas filhas.

Sendo, já, órfãs de mãe, acompanharam o pai perdendo a vida e tendo, da esposa atual, apenas uma espera pelos benefícios materiais que lhe caberiam com a partida daquele. No dia do sepultamento do marido, ela chegou a permitir que a filha promovesse, embora não em sua casa, uma festa de despedida, porque estava retornando a Londres.

Esta é uma história que mostra o potencial desestruturante de doenças como o câncer para grupos familiares que já não se caracterizavam, antes, por vínculos afetivos resistentes e estáveis.

Nunca deve ter havido uma cumplicidade familiar entre aquele casal, como Jorge parecia ter idealizado. Sua família era composta, de fato, por suas filhas, que não se afastaram por um único dia, desde que ele teve aquela convulsão a caminho de seu sítio. E, apesar de terem, cada qual, sua vida própria, Heloísa e Helena permanecem ligadas como já eram antes.

Se o câncer traz, para muitos pacientes e seus familiares, valiosas e estimulantes descobertas, para estas duas moças a doença do parente mais importante, o pai, trouxe lamentáveis frustrações com as pessoas que acreditavam próximas. Elas vivenciaram, em meio a um drama extremamente triste e desgastante, uma realidade humana de muito descaso pelos problemas alheios, com exceção de uns poucos amigos e de uma prima.

Nem por isso, todavia, passaram a dar menos importância à solidariedade. No exemplo que o próprio pai lhes dera, ao cuidar de sua mãe da qual já havia se separado, bem como na experiência de acompanharem o sofrimento dele, ambas certamente fortaleceram seus valores humanos e aprimoraram seus critérios para se abrirem às pessoas.

Quando a vida nos impõe experiências tão negativas como aconteceu com Heloísa e Helena, ou nos apegamos à amargura, ou buscamos com mais cuidado por vivências saudáveis que nos estejam ao alcance. Como já tinham conhecido antes o valor e o sabor do afeto, elas saíram da perda paterna motivadas a fazerem uso mais satisfatório da vida, não apenas no que se refere aos valores materiais, conforme comentaram em nossa última correspondência.

Creio ser inevitável que ambas esperem menos, hoje, do ser humano em geral – porque possivelmente tenham convivido mais de perto com o 'lado interesseiro', do que com o 'lado interessado' das pessoas. Entretanto, creio também que elas não esperem ou acreditem menos na capacidade de luta de si mesmas – porque a experimentaram a fundo e não sucumbiram à falta de respeito humano que conheceram durante a doença de seu pai.

Por outro lado, há ainda, para mim, algumas perguntas que não querem calar: será que Jorge teria sofrido tanto, se não lhe tivessem revelado, à época de seu diagnóstico, que era curta a sua possibilidade de sobrevida? É sensato dar todas as respostas a todos os pacientes, inclusive àqueles cuja resistência emocional não se conhece? Por que uma pessoa resiste melhor do que outra ao mesmo diagnóstico? Não será, em grande parte, em função de um quinhão de esperança? Se Deus, que realmente conhece o amanhã de todos nós, não no-lo revela, por que alguns médicos entendem que devem revelá-lo, mesmo não podendo ter a certeza que acreditam ter? O que justifica a postura de dar a um ser humano, já fragilizado por uma doença, sua sentença de morte? Quer me parecer que isto só alimente, para as pessoas em geral, a ameaça à qual o câncer já está associado.

V – Evinha, Carlos e os Filhos

Prece (1ª Parte)

Esta é a minha prece a Ti, meu Senhor,
com raízes em meu coração:
Dá-me força para sofrer minhas alegrias
e tristezas.
Dá-me força para tornar frutífero
meu amor em Teu serviço.
Dá-me força de não fugir nunca ao pobre
e de não dobrar os joelhos
ante o poder insolente.
Dá-me força para elevar minha mente
acima das pequenezas da vida diária.
E dá-me força para sujeitá-la
à Tua Vontade, com todo amor.
Não me deixes rogar para pôr-me
a salvo dos perigos,
mas para encará-los sem temor.
(Rabindranath Tagore).

Foi Renato, o médico e amigo já conhecido de meus leitores, quem me encaminhou Evinha.

Na ocasião, fazia um ano apenas que eu estava tratando, em psicoterapia, de pacientes de câncer e foi um estímulo importante colaborar com ele, acompanhando uma paciente sua.

Estávamos em 2004. Ela, com quarenta e cinco anos, casada e mãe de dois filhos: uma jovem de vinte e dois anos (Vanessa) e um rapaz de vinte (Cássio), ambos, então, universitários. Seu primeiro filho, porém, nascera em 1981 e falecera aos dois meses; era portador de uma 'deficiência múltipla'; no dia em que nasceu teve três paradas respiratórias. Chegou a ter alta hospitalar e foi para casa com vinte e um dias. Evinha esforçou-se muito para salvá-lo, mas ele faleceu numa cirurgia. Foi uma vivência bastante traumática para uma primigesta de vinte e dois anos.

Logo em seguida, ela engravidou novamente e o medo, então, foi terrível: um aconselhamento genético alertava sobre o risco de que outros filhos seus também poderiam apresentar deficiências. Ela arriscou e, felizmente, seus dois filhos são saudáveis.

O primeiro ano de vida de Vanessa foi o mais difícil, pois o medo de perdê-la fez com que Evinha mantivesse a menina no quarto, sempre agasalhada, hiperprotegida.

Na gravidez de Cássio, o medo ainda era presente, mas a necessidade prática de cuidar de dois bebês (com um ano e dez meses de diferença) ajudou-a a superar o excesso de ansiedade anterior.

Evinha, por sua vez, foi a primeira filha de uma prole de seis, dos quais dois irmãos também faleceram ainda bebês. Com um ano e meio, teve uma nefrite e ficou internada por três meses. Como tinha acabado de nascer sua irmã imediatamente mais nova, a avó cuidou dela e ela se recuperou por completo.

A mesma irmã foi 'uma pedra no sapato' de Evinha por muito tempo: na infância, ambas brigavam com frequência; na adolescência, a irmã fugia de casa, matava aulas, depois matava o trabalho para sair com amigas ou um namorado; quando iam a alguma festa, desaparecia na hora de voltarem e aparecia na hora de entrarem em casa; Evinha acabava por protegê-la; aos dezoito anos, saiu de casa e, um ano depois, teve um bebê. Então, o pai culpou Evinha por não ter tomado conta da irmã, uma moça muito bonita, esperta e namoradeira que teve, pelo menos, três companheiros e quatro filhos. A mãe chegou até a pensar em deixar o marido e trazer aquela filha para viver com ela e para cuidar de suas crianças, que eram largadas à própria sorte.

Os outros dois irmãos que também sobreviveram são homens. Contudo, a 'diferença' de Evinha sempre foi a irmã – elas eram o oposto, uma da outra, em todos os aspectos e Evinha insistia, em sua terapia, que se sentia mal por não conseguir perdoá-la, mas isso acontecia porque sua irmã causou mais sofrimentos ainda à mãe. Na ocasião em que nos conhecemos, seus pais já eram falecidos.

Quando faleceram seus dois irmãos (um menino e uma menina), ela tinha entre nove e doze anos; já ajudava a mãe, que tinha uma vida muito sofrida: seu pai era alcoólatra e ela se referia a ele dizendo que teve 'dois pais' – um, quando estava sóbrio e outro, quando alcoolizado.

O ambiente em que vivia sua família original era, ao meu ver, um verdadeiro terror. Se o pai demorasse um pouco para voltar do trabalho, nos finais de tarde, o medo tomava conta de todos e, na expectativa de como ele poderia chegar, as crianças jantavam às pressas e iam para a cama, pois, 'se estivessem dormindo', ele não as perturbaria, só estaria alterado com a mãe: puxava a toalha de mesa, atirava coisas, xingava e era muito áspero verbalmente. Em outras situações, chegou a molestar sexualmente ambas as filhas.

Evinha ia para a casa da avó materna, quando tinha chance, para fugir do clima de sua casa onde a vida era precária de conforto, alimentação, paz e proteção, embora sua mãe fizesse o impossível pelos filhos, procurando transmitir-lhes esperança e alegria de viver. Disse-me certa vez que, "na infância, se escondia do pai, que queria ter liberdade para fazer suas maldades, e, depois de casada, passou a esconder-se da vida, em casa, sempre cheia de medo das maldades que pudessem atingir seus filhos, mas, ao mesmo tempo, para que eles pudessem ter seu próprio espaço, por mais medo que ela tivesse."

Uma pergunta assombrou grande parte de sua vida: "O que vai acontecer?" – na infância, quando o pai se atrasava, e, depois, se os filhos demorassem a voltar para casa. Embora sabendo que era natural eles terem sua sociabilidade, ela sempre ficou muito ansiosa quando eles estavam fora de casa: e se o filho bebesse além do limite? E se algum perigo os atingisse? A filha assumia por si mesma limites rigorosos, inclusive com o namorado, mas havia os riscos do mundo...

Era difícil para Evinha aceitar os modismos do filho, como a tatuagem que ele fez por sua conta, por exemplo. Se ele chegasse 'alegrinho' de uma festa, ela ficava muito brava. Carlos, seu marido, via com naturalidade os movimentos daquele, que não se envolvia em nenhuma aberração e, então, dava-lhe cobertura na presença da mãe, que ficava decepcionada com o marido e geralmente zangada com o rapaz.

No papel de mãe, era muito severa. Falava muito e tinha consciência de que incomodava a família. Embora bastante amorosa, expressava-se, com os seus, mais pela exigência e pelas mágoas do que pelo afeto ou carinho.

Como toda pessoa ansiosa, tinha grande necessidade de ser ouvida e compreendida, porém com dificuldade para ouvir. O medo parecia falar tão alto dentro dela, que pouco ela podia escutar à sua volta e assimilar, embora sendo uma pessoa inteligente.

Por esta razão, ela me pediu e eu permiti que gravasse o áudio de nossas sessões de terapia; em sua casa, sozinha, ouvia as gravações por várias vezes, como depois me contava, e assim conseguia se concentrar e refletir no que eu lhe dizia.

Aliás, a propósito de 'falar e ouvir', Evinha fez formação universitária em Comunicação Social e trabalhou na área por quatro anos. Foi demitida, porém, quando teve seu primeiro filho e, depois, por dez anos, permaneceu cuidando dos filhos e do marido. Em seguida, conseguiu voltar a trabalhar em sua área, numa grande empresa, mas logo foi atingida por uma demissão coletiva.

Como teve também uma formação em magistério, foi trabalhar em escola maternal, embora prefira lidar com jovens adultos. Permaneceu ensinando os menores, porque foi aprovada em dois concursos e não podia desperdiçar o que conseguiu. Continuou se esforçando, porém, para abrir algum espaço de trabalho com os jovens.

Portadores de câncer costumam ser pessoas muito esforçadas, na busca de aceitação e fortalecimento da autoestima, e Evinha não se mostrou diferente.

Foi aos vinte e cinco anos de casamento que ela descobriu ter um câncer de mama. Se já era, antes, uma pessoa ansiosa, é de se imaginar o medo que a envolveu ao saber de seu tumor, e as proporções que assumiu, em sua mente, a velha pergunta que a acompanhava sempre: "o que vai acontecer?"

Após a cirurgia (uma quadrantectomia), Renato encaminhou-a para a terapia, preocupado com seu nível de ansiedade. Ela estava também em radioterapia.

Referindo-se à consulta na qual recebeu seu diagnóstico, ela me contou, conforme anotações que conservo, ter tido "uma sensação de estar caindo rápido, sozinha, em um buraco muito fundo de paredes lisas e escuras, onde não conseguia segurar-se, até bater com força no chão".

De imediato, ela associou o tumor ao risco de morte, como diz o simbolismo da sensação descrita acima; e ao contar para a família o que estava se passando com sua saúde, ela "se sentia falando do encurtamento de sua vida".

O marido é dez anos mais velho do que ela e sempre me pareceu, através dela, tratar-se de um homem sensato e tranquilo, que lhe transmitiu muita confiança de que ela superaria e venceria a doença.

Quando Cássio, seu filho, soube do diagnóstico comentou: "Você não pode morrer, mãe, porque seu seguro de vida é muito baixo." Em sua imaturidade, transformou o constrangimento em humor: era a sua forma de manter-se sob controle e ajudar a mãe a não se assustar ainda mais.

Foi mais difícil a reação de Vanessa, a filha mais velha, muito apegada à mãe. Chorava sem parar e, então, Evinha viu-se obrigada a juntar forças por ambas.

Novamente, cabe a pergunta (de nosso segundo capítulo): 'quem cuida de quem'? É muito comum que o paciente de câncer, apesar de suas angústias, precise conter e até administrar as emoções de alguns de seus familiares.

No caso de Vanessa, a mãe percebia sua aflição e evitava conversar com ela a respeito da doença, temendo que o clima ficasse muito pesado.

A propósito de sua atitude, protegendo e poupando a filha, cabe aqui evocar o papel de outra pessoa na vida de Evinha: 'sua' mãe. Conforme antes comentamos, foi a criatura mais atingida pelos dramas de sua família: o comportamento do marido alcoólatra, de que foi a maior vítima, o comportamento inconsequente da segunda filha, que a desesperava pelo descaso com que tratou dos próprios filhos, e, pior, a perda de dois filhos seus, um com um ano e nove meses e a outra com três meses (o quarto e a quinta de sua prole).

Tratou-se de uma pessoa que teve uma vida muito machucada e marcada por inseguranças, vergonha, perdas e pelo medo. Evinha foi sempre muito apegada a ela e procurou ajudá-la como podia. Também repetiu, em alguns aspectos, a sua história: no medo que dela deve ter assimilado, na perda do primeiro filho (provavelmente seu herdeiro genético) e na conformação.

A mãe foi, durante o período de formação de sua personalidade, o principal vínculo afetivo de Evinha e faleceu, em julho de 2003, um ano antes de manifestar-se seu câncer, em agosto de 2004, o qual atingiu o grande símbolo da feminilidade e dos papéis maternos.

Durante a terapia, o que ela me trazia com maior ênfase eram suas angústias de mãe, nas dúvidas referentes aos dois filhos: a ânsia de liberdade de Cássio e as preocupações de

Vanessa, muito religiosa e apegada à Igreja, o que a levava a debater-se com algumas expectativas do namorado.

Hoje, em 2011, Cássio está casado e Vanessa prestes a se casar. Aquelas dúvidas referentes a ambos já passaram.

Na ocasião em que tratei de Evinha, contudo, tive que me esforçar, traduzindo para ela os comportamentos naturais da juventude, nos primeiros anos deste século, pois seu universo era muito concentrado no contexto familiar, no trabalho e nos hábitos religiosos.

Quando menina e adolescente, fazia tudo para agradar àqueles a quem se apegava: conforme ela mesma narrava para mim, era fácil convencê-la e comum que ela desistisse das próprias idéias para concordar com as dos outros:

– Eu não brigava pelo que queria, porque queria que as pessoas gostassem de mim e tinha receio de decepcioná-las se insistisse em minhas opiniões.

Sua preocupação em ser aceita chegou ao extremo de não trocar de curso na faculdade, como num momento desejou, porque as amigas não queriam que ela o fizesse. Trata-se, aliás, de uma característica de personalidade muito comum em portadores de câncer, embora manifesta em estilos individualizados.

Quando adulta (e mãe) tornou-se muito rigorosa em torno dos próprios critérios, o que lhe causou frequentes conflitos principalmente com o filho. Seu foco, porém, continuava voltado para as perspectivas alheias de felicidade.

Eu me concentrava, então, em explicar-lhe como seu padrão de comportamento havia contribuído para que ela desenvolvesse um tumor maligno, isto é, como suas dificuldades de visualizar os próprios direitos, de cuidar da autoestima e de empenhar-se pelo que a ela importasse, haviam facilitado que seu corpo atacasse um símbolo do papel que mais ansiedade lhe gerou: a posição materna.

Assim como viu a própria mãe sofrer tanto nesta posição, teve a maior frustração possível ao ser mãe pela primeira vez, com o falecimento de seu bebê e, mais tarde, reviveu o medo que a liberdade masculina lhe causara, pelos comportamentos do pai, ao ver o filho buscando abrir seu próprio caminho neste mundo, ainda que de formas naturais em sua geração.

Provavelmente, ser mãe estivesse entre as grandes idealizações de Evinha, mas esteve também entre as experiências mais sofridas que ela conheceu: seu corpo atacou, então, no peito, simbolicamente, as origens de medo e mágoa que sua consciência não pudera combater.

Era preciso que Evinha assimilasse *a importância de viver pelos próprios anseios, de buscar o que para ela fizesse sentido*, olhando com naturalidade o sentido de viver alheio, ainda que este não se identificasse com o seu, porém sem se sacrificar por isso.

Sua história foi uma das primeiras que ilustrou, para mim, a percepção de que "o câncer é uma doença de família", do ponto de vista emocional. O que, senão o terrorismo de que foi vítima em sua família original, pode tê-la levado a contrair esta doença logo após a morte de sua mãe, seu grande modelo e melhor vínculo em meio aos dissabores daquele contexto familiar?

Note-se que não havia antecedentes genéticos de câncer no caso de Evinha: ninguém, antes dela, contraíra esta moléstia entre seus ancestrais.

Por outro lado, ao adoecer, o que, senão a família atual, trouxe-lhe proteção e estímulos para vencer o câncer?

Carlos, seu marido, acompanhou-a em todos os momentos do tratamento: tirou uma licença do trabalho, ficou com ela no hospital quando foi operada, cuidou dela em casa e envolveu-a sempre na confiança de que venceria a doença. Foi seu principal apoio, desde o diagnóstico.

Ele compreendeu, aparentemente por si mesmo, algo que já mencionei aqui: *os profissionais tratam* e *a família cuida*. Com simplicidade, sem alardes, fez muito bem a sua parte na evolução da saúde de Evinha.

Vanessa, a filha, telefonava para a mãe o tempo todo. Cássio, o filho, embora procurando minimizar a gravidade da doença, mantinha-se atento às necessidades, tanto quanto a irmã. Ambos evitavam que ela chorasse: era sua forma de se defenderem da ansiedade e, ao mesmo tempo, transmitirem otimismo àquela.

Também um irmão e a esposa vinham ajudá-los a manter um clima positivo em torno de Evinha, insistindo para que ela encarasse a doença como algo que realmente era sério, mas comum e que passaria como acontece em tantos casos.

Recentemente, quando me comuniquei com ela pedindo-lhe autorização para incluir seu caso neste livro, constatei que suas reações imediatas à terapia fortaleceram-se, nos sete anos que se seguiram até hoje, conforme suas próprias palavras:

– Primeiro, eu descobri que sou muito forte e então aprendi várias coisas: não devemos ouvir muitas pessoas que já passaram por esta doença, porque cada um tem suas próprias experiências; temos que seguir o que manda o nosso médico de confiança e tudo dá certo; não devemos dar chance para ninguém chorar conosco, porque parece que tudo fica pior; é de dentro da gente que vem a força; nossos maiores amigos são Deus, Nossa Senhora e nossa família; nossa melhor arma é a oração; e um bom terapeuta nos faz repensar a vida, ajuda a reconstruir a nossa dos escombros que trazemos, ajudando a gente a se valorizar e a olhar melhor para nós mesmos.

"Depois que passou o furacão para mim, descobri que tenho o direito de fazer o que me dá prazer e, agora, dificilmente faço alguma coisa que não me agrada, só se for muito necessário. Hoje, me dedico a várias coisas de que gosto: estou numa escola, por exemplo, aprendendo a tocar violão, tenho aulas de pintura, frequento uma academia, leio bastante (o que me faz muito bem), passeio muito mais do que antes e fujo de pessoas com baixo astral. Quando não dá pra fazer alguma coisa, não faço e não sofro por isso – não fico mais aflita, se não consigo o que pretendia. Acho que eu aprendi a cuidar de mim e a viver como é bom para mim, sem me preocupar com o que os outros possam esperar que eu viva."

De minha parte, não tenho dúvida de que Evinha foi envolvida por estímulos, que, ao lado dos recursos da medicina, ajudaram-na a superar o câncer: sua fé em Deus; um médico humano e muito hábil, que conquistou sua confiança e em cujas orientações ela apostou quando o diagnóstico a pôs a nocaute; a família, que a protegeu, amparou e fortaleceu-lhe a esperança de que o câncer poderia ser vencido; e a psicoterapia, que sensibilizou-a a abrir uma trilha satisfatória para si mesma, sem mais se preocupar com as expectativas alheias.

Na infância e adolescência, a família original de Evinha compunha um conjunto de ameaças tão frequentes e intensas que sua energia era consumida evitando ser sufocada: se pudesse respirar só um pouquinho, o suficiente para permanecer viva, já estava bom, como se ela nem tivesse certeza de seu direito de estar viva...

E foi fazendo o que esperavam dela para garantir-se de que a aceitassem, até que seu corpo rebelou-se em lugar de sua consciência e ela se viu diante do risco de sucumbir – então, era a si mesma e aos seus equívocos que era preciso enfrentar.

Foi quando o ambiente mostrou-se capaz de tratar e de cuidar dela, humanamente, ressaltando o direito de viver que ela também tem, sem terrorismos internos ou externos.

Se uma família semeou-lhe, na personalidade, as inseguranças que abriram espaço para o desenvolvimento de um tumor maligno, outra família ajudou-a a descobrir as resistências que ela tinha e só precisava conhecer.

No caso de Evinha, o câncer foi um tiro, perigoso como sempre, mas saiu pela culatra.

VI – Sérgio e Beatriz

O Nosso Adeus

Nada me disseste e eu nada te disse
Por nós falou o nosso mudo olhar,
No teu havia um mundo de meiguice
No meu havia um mundo de pesar.

Os olhos sabem muito bem falar!
Numa palavra só que se encobrisse
Teria um volver d'olhos que o traísse
E ao coração a fosse murmurar.

E não dissemos nada, mas calados
Nos entendemos, bem que amargurados
Já tínhamos os nossos corações!

A voz dos olhos foi como uma voz
Ouvida dentro d'alma só por nós,
De inefáveis e fundas vibrações!
     Autor Desconhecido
    (Encontrado num caderno de
   poesias de meu pai, já falecido.)

Era agosto de 2009.

Quando abri, pela primeira vez, a porta de meu consultório para Sérgio, deparei com um rapaz bem afeiçoado cujos olhos verdes brilhavam muito, pois ele já chegara chorando. As primeiras palavras que me disse, ainda na sala de espera, foram:

– Desculpe, doutora, desculpe, eu não consigo controlar isso.

E, de imediato, eu retruquei:

– Por favor, Sérgio, se você não puder chorar à vontade no consultório de uma terapeuta, onde vai poder chorar? Não há nada de que precise desculpar-se.

Um pouco mais refeito, ele logo foi me pondo a par do contexto familiar no qual vinha enfrentando desafios muito difíceis: com trinta e seis anos, estava casado há seis com uma moça, de trinta e três anos, Beatriz. Ambos tinham, então, um filho de três anos, José Bento, e uma filhinha de cinco meses, Ana Maria.

Quando a bebezinha tinha três meses, a esposa de Sérgio começou a apresentar dores abdominais, que iam se intensificando, e, apesar de o casal ter recorrido a vários e bons hospitais de São Paulo, só se falava em problemas gástricos. Num domingo, Beatriz passava muito mal e Sérgio a levou a outro hospital, ali declarando que não se daria por vencido se não a internassem para esclarecimento do que havia com ela. Ambos imaginavam que algum incidente na recente cesariana respondesse por aquelas dores.

Infelizmente, não era o caso. Os exames acusaram a presença de um tumor em seu fígado: era um câncer e a experiente equipe oncológica, que passou a orientar o caso, avaliou seu prognóstico em torno de 'seis meses' de sobrevida. Tratava-se de um colângeo-carcinoma, tipo muito agressivo de tumor, mas nem tudo isso lhe foi dito.

Beatriz tinha vários antecedentes de câncer na família: perdera uma avó com leucemia, sua mãe tivera câncer mamário (doze anos antes) e dois tios, um de lado materno e outro paterno, tiveram tumores hepáticos (de fígado e pâncreas), além de primas que também enfrentaram a mesma doença.

A quimioterapia foi-lhe indicada com prioridade e a primeira sessão já suprimiu sua dor, o que lhe trouxe esperança e a mantinha bem humorada. Sérgio, todavia, tinha medo de que a esposa percebesse a gravidade de seu caso, como ele logo se deu conta, tanto pelas informações médicas, como por consultas à internet. Formado e exercendo a odontologia, ele fizera uma pós-graduação em oncologia.

Informada de que tinha câncer num estágio mediano, Beatriz assimilou que a químio era, em princípio, mais indicada do que uma cirurgia e que havia um bom prognóstico, "como dois e dois são quatro": palavras dela, ditas adiante a mim.

Mas Sérgio chegara ao meu consultório, literalmente, "despedindo-se da esposa". Naquela primeira consulta, mencionou, por exemplo, que trazia uma lembrança traumática (e então muito presente) do filme *Laços de Ternura*, um sucesso do cinema americano nos anos oitenta, estrelado por Shirley McLane e Jack Nicholson, a que ele assistira aos doze anos de idade e que o deixara massacrado com a cena em que a jovem protagonista, com um câncer terminal, despedia-se dos dois filhos – por cruel coincidência, um menino na primeira infância e uma menina ainda bebezona. Ele nunca se esquecera daquela cena e, agora, via-se apavorado com a idéia de despedir-se da esposa e de que seus filhos, tão pequenos, ficariam sem mãe. Como ele os criaria sozinho? A quem recorreria? E se os avós maternos reivindicassem a guarda das crianças? Só lhe ocorriam possibilidades torturantes.

Sua família é composta pelos pais, um irmão (jurista), então com trinta e oito anos, e outro, gêmeo de Sérgio e também dentista. Os irmãos, especialmente os gêmeos, são muito ligados. Segundo ele, porém, não é uma família que saiba lidar com doenças: ficam todos ansiosos e se afligem muito.

Beatriz esteve, por duas vezes, em meu consultório, a propósito de colaborar na terapia do marido, embora minha intenção real fosse encaminhá-la também para um acompanhamento psicológico, o que ela recusou.

Muito bonita e simpática, mostrou-se bastante firme em seu modo de administrar aquela situação. Contou-me que, quando tinha vinte e três anos, seu pai passara por uma grande crise financeira e foi ela quem sustentou a família. Sua única irmã, mais nova, colaborava, sem todavia 'segurar' o barco como ela fez.

Havia iniciado o curso de odontologia, onde ela e Sérgio se conheceram, mas desistiu por uma carreira que a atraiu mais. Quando a conheci, trabalhava numa empresa de turismo.

Logo que se casou, teve uma crise de pânico, não queria ficar sozinha, não conseguia dirigir e se culpava muito se algo não estivesse bem com seus pais. Fiquei com a impressão de que ela sofria de 'ansiedade de separação'.

Relatou-me que sua mãe "cria pequenos problemas, fica refém dos mesmos e não enfrenta os problemas maiores e mais reais".

Desde que ultrapassou a adolescência, foi ela quem lidou com as dificuldades que sua família teve.

Contou-me também que, quando soube seu diagnóstico, "desabou, chorou, só pensava nos filhos, mas entendeu que tinha que tocar o barco". Achava exagerada a reação depressiva do marido e também se perguntava se ela mesma não estava muito consciente da doença, pois era ela que confortava as pessoas que iam visitá-la; ficava um pouco assustada com as próprias reações; mas o mais importante era o alívio que a quimioterapia lhe trouxera, deixando-a apenas com um gosto diferente na boca e lembrando que sua mãe, quando passara pelo mesmo tratamento, tivera reações bem piores.

Bastante confiante nos médicos que a acompanhavam, Beatriz pareceu-me, de fato, orgulhosa por não ter-se abatido emocionalmente com o câncer. Comentou ainda que seu maior problema "era o que os outros podiam pensar sobre ela, ou seja, saber-se aceita" (por isso não podia dar chance a tristezas); deixou claro, nas entrelinhas de nossas duas conversas, que não queria mexer naquilo que estava conseguindo manter sob controle, portanto, não lhe interessava uma psicoterapia na ocasião. Já era muito bom saber que Sérgio estava apreciando o trabalho que fazia comigo.

Três meses depois, seus marcadores cancerígenos diminuíram e o casal foi a Paris numa rara viagem que fizeram sozinhos, pois, geralmente, Beatriz fazia questão de que seus pais participassem dos passeios de férias.

Os médicos se surpreenderam com aquela evolução. Sérgio até acreditou que Beatriz pudesse ter uma sobrevida maior do que se esperava de início. Àquela altura, ele já estava mais fortalecido emocionalmente. Todavia, ainda comentava que o mais difícil de tudo era conviver com alguém que estava sentenciado à morte, pois mesmo aquela melhora não daria a ela mais do que cinco anos, conforme ele estava informado; seu esforço era, então, no sentido de ajudar a esposa a ter uma boa qualidade de vida.

Vê-la e ouvi-la fazendo projetos com as crianças, falando do futuro, como se ela fosse participar da criação dos filhos, era o que mais doía para ele, que me confessava amá-la muito, "mesmo sentindo que o amor dela pudesse ser questionado, porque, para ela, seus pais sempre estiveram em primeiro lugar; provavelmente, só os filhos se equiparassem à consideração que Beatriz direcionava ao pai e à mãe".

Sérgio entende, ainda hoje, que a esposa encontrou nele alguém que abraçou seus objetivos de atender, sempre, às expectativas e necessidades dos pais, um rapaz de boa conduta, que não se recusou a enfronhar-se com a família dela desde o início do namoro – e ela só se ligaria a alguém que aceitasse sua relação prioritária com seus pais. Durante o namoro, houve uma fase em que ele não aguentou a interferência familiar e chegou a desistir de Beatriz. Ficaram separados por um ano, depois reataram e casaram-se.

Mas, dizia-me ele, "quando vem uma doença como essa, a gente encampa tudo que pode e mais um pouco, principalmente por alguém a quem se tem amor – então, eu não me via mais no direito de contestar nada, nem o estilo de relação entre ela e os pais".

O tratamento de Beatriz gerou otimismo na própria equipe médica, que, a certo ponto, considerou seu caso sob controle e isto foi verbalizado claramente para Sérgio em meados de julho de 2010. O tumor diminuiu muito, ela não tinha mais nenhum sintoma e foi programada, após uma pausa, a manutenção de uma quimioterapia mais leve e de suporte. Mas, em agosto do mesmo ano, ela voltou a apresentar dor.

Eles haviam se mudado para outro apartamento, num prédio com mais opções de lazer para as crianças. Ela se empenhara com entusiasmo na montagem da nova residência. Sérgio, porém, começou a notar que ela escondia algum desconforto, até que Beatriz telefonou, chorando, para seu médico para dizer-lhe que estava sentindo a mesma dor e achava que a doença estava voltando.

O casal ia viajar para o Nordeste. A viagem foi cancelada e o médico (visivelmente aborrecido) determinou que a quimioterapia fosse retomada. Mais tarde, ele contou a Sérgio que sabia ser inevitável uma recidiva, mas não acreditava que acontecesse tão rapidamente.

A quimioterapia já não surtia efeito e, no final do mesmo mês, veio uma ictericia brutal. Então, Beatriz começou a perder o otimismo, chorava frequentemente, pedia a Sérgio para ficar com ela e ele a escutava, tentava reanimá-la, mas sabia que o fim seria inexorável e deixava que ela desabafasse, sem contestar. Seus sogros e a cunhada não gostavam que ela chorasse, sempre querendo acreditar que o quadro pudesse reverter. Ele a compreendia e entendia que, em seu lugar, agiria da mesma forma. Já tinham se tornado mais amigos do que um casal.

Dali em diante, ela foi internada várias vezes e ainda foi feita uma cirurgia para a colocação de '*stents* biliares' – um tipo de prótese usada para drenar a bílis que está voltando para a circulação e causando icterícia –, uma medida paliativa para diminuir seu sofrimento. A tentativa foi bem sucedida, mas Beatriz já estava muito fraca.

Na ocasião, ela comentou com o marido que "queria ter sido ela mesma". Embora às vezes ficasse muito brava e também tivesse seus lapsos de egoísmo, era uma pessoa excepcionalmente generosa e ajudava a todos os que podia ajudar, não só aos pais, além de ter sido uma excelente profissional.

Um pouco antes que ela piorasse, Sérgio se afastou da psicoterapia dizendo-me que "queria andar com as próprias pernas". Creio que ele desejasse também permanecer mais perto dela e partilhar, da melhor forma, a boa evolução que ela tivera.

Quando o câncer se agravou, Beatriz teve outra crise de pânico, igual à que tivera no princípio do casamento, mas agora também tinha sintomas paranóides, cismava com fatos e com pessoas, acabou entrando em confusão mental e, então, foi internada para ser sedada. Seu pai e Sérgio foram prevenidos de que ela não retornaria mais para casa. Faleceu, após cinco dias, no final de novembro de 2010.

Ela não se despediu, como ele tanto temia, e o otimismo irreal de sua mãe ajudou a Sérgio, porque ninguém também facilitou uma despedida. Mas ele despediu-se, a sós, da esposa, quando ela já estava inconsciente e foi ele que presenciou sua partida.

Eu fui informada por telefone, como, vez ou outra, tinha notícias. Soube, também, que o velório reuniu cerca de quatrocentas pessoas.

Meses depois, Sérgio veio ao consultório para me contar como tudo se desenrolara. E nós tivemos uma longa conversa, que eu anotei em seguida, como se segue:

– Dois dias de minha vida foram traumáticos: o dia do diagnóstico, quando o médico explicou o que tinha Beatriz e como ela evoluiria, e o dia em que ela parou de respirar. Por algum tempo, precisei tomar uma medicação para dormir, porque vê-la morrer foi traumatizante, embora eu já tivesse visto (como profissional de saúde) a morte de outras pessoas.

Cerca de quinze dias antes de falecer, ainda lúcida, Beatriz dissera a Sérgio que, "quando melhorasse, muita coisa mudaria na vida deles". Parece que ela acabou se conscientizando de que valeria a pena pôr em primeiro plano as suas necessidades e de sua família atual.

Sérgio me perguntou se eu me lembrava de ter-lhe dito que o câncer tem um componente psicológico importante e comentou que, naquele dia, saíra dali sem acreditar no que eu afirmava.

– Eu fiz pós-graduação em oncologia, estudei os tipos de divisão e multiplicação celular, estudei os marcadores tumorais, aprendi tanto sobre o lado físico desta doença e achei que você exagerava. Mas hoje eu vejo que o câncer é uma doença com fortes componentes emocionais. Eu conheci bem Beatriz, a gente namorou muitos anos, nosso relacionamento foi muito intenso... Um dia, eu lhe perguntei o que ela achava se nós déssemos nossos carros aos pais dela, eu daria o meu para a mãe dela e ela daria o dela ao seu pai – depois nós daríamos um jeito de comprar outros – e ela imediatamente aprovou a idéia, porque não media esforços e assumia qualquer compromisso por eles.

"Mesmo enxergando tantas diferenças de relacionamento familiar, também não posso fechar os olhos à responsabilidade da própria Beatriz: por que ela nunca se rebelou às solicitações dos pais? Por que ela se cobrava tanto? Tudo isso me mostrou que o câncer é uma doença com importantes fatores psicológicos. *Beatriz sentia-se como se fosse culpada de algo*, desde que nos casamos; antes do câncer, ela já tinha uma doença atrás da outra. Eu acho mesmo que ela se sentia culpada por ter se casado e se sentiria assim, com quem quer que se casasse."

Concordando com as observações de Sérgio, aproveitei para explicar-lhe que a grande maioria dos pacientes de câncer são pessoas que sentiram, na infância, alguma rejeição significativa. É possível, por exemplo, que Beatriz tivesse se sentido preterida em comparação à sua irmã. Sérgio comentou que imaginara o contrário, porque Beatriz tinha uma beleza e simpatia inigualáveis e, de fato, isto levou os pais a serem bem mais permissivos com a irmã, a quem tudo era permitido, enquanto para Beatriz quase tudo era proibido e ela ainda tinha que cuidar da irmã, ou seja, ainda tinha a incumbência de proporcionar alegria à outra.

Seguindo meu raciocínio, Sérgio ainda se lembrou de que Beatriz achava que seu pai desejara ter um filho primogênito do sexo masculino; portanto, não faltaram estímulos para que ela se sentisse rejeitada e, mais tarde, para que fosse 'muito eficiente' em relação aos pais, tentando, assim, fazer-se mais aceita. Viver, para Beatriz e para muitos pacientes de câncer, parece ter sido um dever, muito mais do que um direito.

Cada pessoa tem suas próprias variantes deste perfil, mas é este modelo de desenvolvimento emocional que funciona, principalmente, como um estímulo para favorecer o desenvolvimento do câncer, em algum outro contexto em que seja revivido o vazio experimentado na infância.

A este ponto, Sérgio se lembrou de que Beatriz ficava especialmente brava quando seu pai ou sua mãe iam ao médico; ela costumava acompanhá-los e sempre aprontava uma briga com o médico: aconteceu com o oncologista que cuidou de sua mãe, os dois cardiologistas e o psiquiatra que cuidaram de seu pai. Este último chegou a dizer-lhe que ela precisava mais de um tratamento psiquiátrico do que o pai. Mas ela se gabava por 'defender' os pais das opiniões dos médicos, como se eles estivessem sempre criticando ou atacando os pais dela, ao que eu complementei:

– Ela expressava sua raiva apenas para defendê-los, nunca para defender a si mesma. Este também é um comportamento característico de doentes de câncer e em especial nos casos de tumor hepático – prossegui eu.

– O fígado ajuda a processar alimentos de digestão mais difícil, como os lipídeos, e seleciona deles o que deve ser excretado. Está, então, simbolicamente, relacionado à administração da raiva, que também é difícil de ser 'digerida' e que deveríamos, em boa parte, 'pôr para fora'. Se não 'excretamos' nossa raiva, ou não a 'vomitamos', estamos, no mínimo, congestionando o órgão que simbolicamente a administra.

"Há hora e forma apropriadas para tudo; ao afirmar a importância de expressarmos nossas raivas, não estou fazendo nenhuma apologia da violência, mas alertando que, como as emoções em geral, a raiva precisa ter oportunidade de ser mostrada, de preferência a quem a provocou, e através de um diálogo no qual a lógica não se deixe engolir pelos impulsos. A expressão de nossas contrariedades, proporcional aos estímulos que as provocaram, é um procedimento saudável, fortalecedor da autoestima e, também, construtivo, pois pode levar relacionamentos a amadurecerem de modo responsável.

"Por outro lado, até perder a paciência, eventualmente, quando nos rebelamos contra posturas destrutivas ou inconsequentes, é uma reação humana mais saudável do que o silêncio omisso. Jesus mesmo nos deu um exemplo disso ao expulsar os vendilhões do templo. Sua raiva expressada ali tinha propósitos construtivos e era, pois, plenamente justificada.

"Quando um tumor ataca o fígado, ele está atacando um órgão que faz o que nossa consciência não consegue fazer: os tumores expressam nossa raiva contra nós mesmos!

"Evidentemente, há fatores genéticos e ambientais (como o fumo e a poluição) que predispõem as pessoas ao câncer. Mas parece que os fatores emocionais selecionam, entre as pessoas que têm predisposições genéticas, p. ex., quem vai desenvolver a doença: há pesquisas que estudam famílias com grandes linhagens de oncogens e nem todos os seus membros apresentam câncer. É bem possível que o fator diferencial daqueles que ficam doentes de câncer seja sua história emocional."

Sérgio acrescentou, então, que pediu a opinião de alguns médicos sobre o caso de sua esposa e um deles, do Hospital do Câncer, entendeu que, aos trinta e três anos, para ter um tumor daqueles, o componente genético dela devia ser forte; mas ele, conhecendo Beatriz como conhecia, chegara à conclusão de que o componente emocional também devia ser forte em seu caso, ainda mais porque ela tinha hábitos saudáveis: nunca fumara e não bebia.

A história de instabilidades emocionais que ela apresentara, desde que regressaram da lua de mel, e minha opinião sobre a possibilidade de ela sofrer de 'ansiedade de separação' levaram Sérgio a buscar informações. Na internet, encontrou um artigo sobre este diagnóstico "que só faltava ter a foto de Beatriz". E ele prosseguiu:

– É claro que todos nós queremos agradar e corresponder às expectativas de nossos pais, mas as famílias também precisam respeitar as escolhas dos filhos; os meus pais sempre nos deixaram à vontade para escolhermos os rumos de vida que queríamos tomar e sempre apoiaram nossas escolhas. Por outro lado, eu tenho um amigo, por exemplo, que estudou engenharia porque o pai fez questão de que ele fosse engenheiro, embora ele não se interessasse por esta carreira.

"Hoje, eu vejo meus filhos e penso: o que eu desejo para eles? Sabe, Antonieta, eu quero que eles sejam felizes, só isso. José Bento não estava fazendo lição (numa fase compreensível) e eu fui a uma reunião em sua escola. Não tive o menor pudor de dizer à professora que não tenho nenhuma expectativa em especial sobre o desempenho dele. Se ele tiver que permanecer mais um ano na pré-escola, por exemplo, está tudo bem para mim; se ele vai terminar o ensino médio com dezessete, dezoito ou dezenove anos, não será problema meu; se ele me disser que quer ser um ator de teatro de rua, o que eu poderei dizer a ele? Filho, seja um 'bom ator de teatro de rua'.

"É evidente que, por enquanto, sendo ambos crianças, não posso deixar que façam o que querem e quando querem. Eles precisam assimilar a necessidade dos limites que o mundo impõe a todos nós, senão não poderão ser felizes, ficarão malucos, e esta responsabilidade de educá-los é principalmente minha.

"Você percebe, Antonieta? Eu tomei muitas decisões racionais, sob grandes pressões emocionais, em pouco tempo. Faz seis meses que Beatriz faleceu. Eu senti que era melhor deixarmos aquele apartamento e agora estamos morando pertinho de meu consultório e da escola das crianças. A escolha foi toda minha. Provisoriamente, estamos usando a casa onde eu cresci, que estava desocupada e meus pais não precisavam dela. Eu tenho toda facilidade para levá-los, buscá-los e para atendê-los, porque passo o dia trabalhando ali perto. Nós temos um gramado imenso, eles curtem o espaço e eu vou procurar uma casa nas imediações para ser a 'nossa casa'.

"O que eu queria, mesmo, era ainda estar casado com a Beatriz, formando meu núcleo familiar de marido, esposa e filhos, mas não foi o que a vida me permitiu. Hoje, meus pais moram perto de nós e minha mãe tem me ajudado muito, embora a gente tenha encontrado uma senhora que é uma boa babá, dorme em casa e as crianças se deram bem com ela. Até então, minha mãe não tinha tido muita chance de estar perto de meus filhos, Beatriz tinha muito ciúme e meus pais até se afastaram para não gerar conflitos. Mas minha mãe tem muito treino com crianças, porque foi professora de parque infantil. E eu, que critiquei tanto interferências de família, agora preciso da ajuda de minha mãe. Mas ela tem, de certo, mais equilíbrio.

"A convivência intensa de familiares, com o agravante da doença, gerou muitos conflitos. De início, tive receio de que os pais de Beatriz tivessem uma reação catastrófica com nossa mudança para uma região mais distante, mas não aconteceu – e eu nunca dificulto o contato deles com os netos. Nos feriados, dias especiais, tenho o cuidado de que eles sempre participem das reuniões de família e não tenham motivos para se sentirem excluídos. Nosso relacionamento é bem melhor atualmente.

"Mas minha família, agora, são meus filhos junto de mim e eu tenho absoluto cuidado de preservar esta família, como a preservei antes e durante a doença de Beatriz. Hoje, nada é mais importante para mim do que meus filhos.

"E nós estamos bem. José Bento e Ana Maria chamavam pela mãe, era muito triste; aos poucos isso foi diminuindo. Agora já se fala naturalmente sobre ela, em casa.

"No dia em que ela faleceu, como o caso dela era conhecido na escola de José Bento, a notícia vazou. Eu cheguei em casa e ele me perguntou onde estava a sua mãe. Eu não o enganei: respondi que ela estava muito doente e foi morar numa estrela, porque morreu. Ele entendeu que ela não voltaria e chorou muito, até que se acalmou. Passou algum tempo entristecido, mais quieto, e foi se soltando de novo. Ana Maria, com pouco mais de um ano apenas, não fez perguntas, só chamava pela mãe. Aos poucos, foi deixando de chamar. Era extremamente dolorido, para mim, vê-los sentindo a falta da mãe e o que eu podia fazer era o que você, inclusive, já havia me orientado: dar-lhes muito carinho e me manter sob controle, com calma, para lhes transmitir segurança.

"Eles são um estímulo incomparável para eu reorganizar a vida do melhor modo possível. Este ano, Ana Maria também está na escola apenas em um período; José Bento fica o dia todo, como já estava acostumado.

"Tudo aquilo de que eu tinha tanto medo, quando procurei você para a terapia, aconteceu, eu fui enfrentando e agora estou em paz. A saudade é intensa, mas, se a história de Beatriz foi tão curta, há outras histórias pela frente para meus filhos, que precisam de mim. E eu creio que também tenha bastante ainda para viver.

"Numa das primeiras vezes em que estive aqui, Antonieta, você me disse que eu iria sair daquele drama transformado numa pessoa melhor. Naquele dia, eu fui para casa pensando: 'Puxa vida, eu estou perdendo minha mulher, com dois filhos pequenos! O que essa terapeuta pensa? Acho que ela é louca'.

"Mas era verdade. Você sabia o que estava dizendo. É claro que hoje eu ainda estou sofrendo, já tenho cicatrizes, ganhei cabelos brancos pelo que vivi com a Beatriz, mas sinto que sou mesmo uma pessoa melhor, mais forte; nada chega a me encantar muito e nada me desespera. Hoje, eu percebo que estar com meus filhos é uma oportunidade preciosa, não é uma obrigação.

"As pessoas me perguntam se está tudo bem e eu sou sincero: 'Está, sim, tudo bem e eu também estou eventualmente feliz'. Fiz tudo o que podia fazer. A história de Beatriz foi assim: bonita, muito curta e triste, mas foi essa e terminou. E a minha tem bastante a seguir, principalmente por meus filhos.

"Eu sabia que ela ia morrer e, por isso, vivi seu luto antecipado. Isso foi muito angustiante. E o momento da morte foi terrível. *A morte bate na cara da gente e mostra a fragilidade da condição humana*, porque a gente vive a tristeza de uma pessoa partindo e sabe que um dia vai para o mesmo caminho.

"Foi a maior frustração que já tive. Casei com a Beatriz porque eu quis, eu a amava, projetei toda uma vida junto dela, imaginava que iríamos envelhecer juntos... mas isso não será possível.

"Sabe, Antonieta, eu não sou religioso, não sei no que acredito, mas havia uma coisa muito curiosa sobre a qual não cheguei a falar pra você: já, antes da doença, eu sonhava sempre que Beatriz ia morrer; quando ela estava bem, cheguei a lhe contar isso e, se eu sentasse cabisbaixo para tomar o café da manhã, ela me perguntava: 'Já sonhou de novo que eu ia morrer?'

"Nunca imaginei perder a Beatriz de outro modo, que ela viesse a ter um caso, por exemplo, ou que a gente se separasse... Nós tínhamos nossas brigas, geralmente por causa de nossos familiares. Houve uma fase, antes da doença, em que eu me dei conta de que o sonho do casamento feliz para sempre não existe. Até cheguei a comentar isso na terapia, você deve se lembrar. Mas nunca imaginei que a perderia por nada disso.

"Creio que nossos destinos estavam cruzados. E penso que tudo tem que ter um propósito, embora não consiga avaliar o propósito de tudo.

"Eu sempre gostei da vida. Agora gosto mais, depois do que passamos com a doença e a perda da Beatriz. Gosto de estar com meus filhos e não planejo mais nada para além de um ano. Aprendi que a vida é muito frágil, por mais forte que a gente seja. Sinto que nenhuma realidade perdura muito e o tempo passa depressa, tudo está sempre mudando.

"Nós não somos donos de nada, não temos o controle de nossas vidas, muita coisa escapa de nossas mãos, mesmo que a gente trabalhe, tenha uma rotina organizada, família, amigos... Agora, eu deixo a vida me mostrar os caminhos. O que der para fazer, ótimo; o que não der, hoje, pode dar depois e está tudo bem, basta que a gente fique atento às circunstâncias e não desista do que é possível.

"Sinto, também, que a gente precisa ter fé em alguma coisa, seja uma religião, uma atividade, para poder delegar ou partilhar um pouco de nossa responsabilidade. Ninguém pode se responsabilizar totalmente pelos fatos, porque, como já comentei, a gente não tem o controle do que se passa – tem escolhas, mas não tem o controle – e há um nível de coisas que a gente não compreende, não está ao nosso alcance; há até escolhas que nós não temos.

"Mas, apesar de tudo, hoje eu percebo que a vida é mais bonita do que eu imaginava; nem sempre é muito justa, mas é bonita.

"Nunca vou me esquecer, Antonieta, de que você me ensinou que 'ser feliz é uma obrigação, além de ser um direito'.

"No meio das tragédias, a gente também percebe coisas que antes não valorizava muito: amizade, solidariedade e o 'efeito borboleta', que é essencial: 'a gente tem que passar pela fase da larva para poder conquistar a beleza e liberdade de voar depois'.

"Mas, por enquanto, eu não quero me ligar a outra moça, não quero ter outra mulher em minha casa, participando do desenvolvimento dos meus filhos. Quando saio com alguém, deixo logo muito claro que tenho dois filhos, não pretendo ter outros e nem quero me comprometer em nenhum relacionamento por ora.

"Também há um lado bom em estar só, comigo mesmo. Não tenho nenhum problema relacionado à memória da Beatriz sobre este assunto. Tenho certeza de que ela não se oporia se eu me ligasse a alguém; exceto a ligação com seus pais, ela era afetivamente mais independente do que eu. Apenas, sinto que estou melhor assim, ao menos por enquanto.

"Sou muito grato a todos, como você, que me ajudaram a ir percebendo tudo isso e sair, mesmo, mais forte do que eu entrei nesta história tão difícil."

Foi minha vez, então, de me manifestar e, para concluir aquela conversa repleta de profundas confissões, eu quis observar que, possivelmente, o grande propósito da vida seja o próprio conjunto de aprendizagens que vamos juntando a cada passo e que, conforme tenho constatado e refletido, muitas aprendizagens não seriam possíveis senão pelas experiências mais desafiadoras e tristes – o 'efeito borboleta', a que Sérgio se referiu.

O câncer, por exemplo, ceifou muito cedo a vida de Beatriz, mas, em pouco tempo, parece ter-lhe ensinado o que muitos argumentos, antes, não eram suficientes para lhe mostrar: o seu direito de ser ela mesma.

A família que ela realmente teve durante a doença, ou seja, a família que não só esteve por perto, mas viveu a realidade da doença junto com ela e respeitou sua luta, como ela pôde empreendê-la, esta família foi Sérgio, que, desde o terrível dia do diagnóstico, também passou a ser 'pai e mãe' para os filhos de ambos, agora a família que ele assume com amor e alegria de viver, na proporção em que as feridas do coração estão cicatrizando.

O câncer de Beatriz trouxe uma complexa gama de percepções, que Sérgio apenas começou a elaborar. Tirou-lhe a esposa muito amada e possibilitou-lhe, de outro lado, uma consciência integrada da vida e de si mesmo, como muitos anos comuns não lhe trariam.

Sérgio não é mais o rapaz que, há dois anos, chegou apavorado ao meu consultório. Hoje ele é um homem mais equilibrado, mais lúcido, mais forte e capaz de cultivar seu amor pela vida com a alegria realista e serena de um ser humano amadurecido. Hoje, ele sabe do que é capaz.

Seus filhos têm nele e na memória da mãe, ainda que inconsciente, uma família íntegra que certamente defenderá os seus direitos legítimos de serem felizes. Cumprir esta obrigação já será tarefa deles próprios.

VII – Uma prece terapêutica
(Margarida e Celso)

"Não sei se é sonho, se realidade,
Se uma mistura de sonho e vida,
Aquela terra de suavidade
Que na ilha extrema do sul se olvida.
É a que ansiamos. Ali, ali
A vida é jovem e o amor sorri.

Talvez palmares inexistentes,
Áleas longínquas sem poder ser,
Sombra ou sossego deem aos crentes
De que essa terra se pode ter.
Felizes, nós? Ah, talvez, talvez,
Naquela terra, daquela vez.

Mas já sonhada se desvirtua,
Só de pensá-la cansou pensar,
Sob os palmares, à luz da lua,
Sente-se o frio de haver luar.
Ah, nessa terra também, também
O mal não cessa, não dura o bem.

Não é com ilhas do fim do mundo,
Nem com palmares de sonho ou não,
Que cura a alma seu mal profundo,
Que o bem nos entra no coração.
É em nós que é tudo. É ali, ali,
Que a vida é jovem e o amor sorri.
  (Fernando Pessoa – Cancioneiro, no. 150)

Margarida me procurou no consultório, em janeiro deste ano de 2011, alguns meses depois de ter passado por uma cirurgia de câncer renal. Queria tratar-se com um terapeuta que fosse espírita, como ela é. Um antigo paciente meu, e seu amigo, encaminhou-a.

Terapeutas não distinguem seus pacientes pela crença religiosa, mas os pacientes eventualmente nos escolhem assim.

Sentindo uma discreta dor lombar, que não passava, ela procurou um ortopedista e fez os exames solicitados, que não apontaram nada de errado. O médico suspeitou, porém, que seu sintoma fosse renal e mandou-a para um nefrologista. A ultrassonografia seguida por uma tomografia revelaram a presença de um pequeno tumor no rim esquerdo e o exame pós-operatório mostrou tratar-se de um carcinoma, ou seja, um tumor maligno.

Como se tratava de um caso bem inicial, seu prognóstico foi muito favorável e não houve, inclusive, necessidade de rádio ou quimioterapia, apenas de um exame de controle trimestral. Assim, tanto o diagnóstico quanto a evolução de sua doença não chegaram a ser dramáticos.

Aos quarenta e nove anos, está casada e tem um casal de filhos: a primeira é jornalista, está muito feliz por ter conseguido trabalho num grande jornal e já mora em seu próprio apartamento; o segundo está terminando o curso de biologia, a mesma carreira da mãe. Na opinião desta, o marido, Celso, sempre foi muito sossegado, o que a impulsionou a tomar geralmente as iniciativas, na família, por ser também mais ativa do que ele.

Entretanto, cuidados familiares não foram problema por ocasião do câncer, pois os filhos se organizaram sem dificuldade e com muito otimismo para acompanhar e cuidar de Margarida, antes e depois de sua cirurgia. A angústia maior que então lhe veio à tona dizia respeito ao seu relacionamento conjugal.

Ávida por ser ouvida e igualmente para ouvir, foi direto ao tema que a afligia:

– Nosso casamento, Antonieta, aconteceu após dois anos de um namoro intenso, apaixonado mesmo: nós éramos um casal que se ligou, principalmente, pelo sexo. As duas coisas que nos atraíam mais eram o erotismo e nossos projetos profissionais. Mas bastou que a gente se casasse formalmente e aqueles dois pontos de sintonia já começaram a se alterar. Passado o nascimento da filha, o romantismo, que era tão bonito entre a gente, foi esmaecendo e o trabalho dele passou a funcionar mais como um conjunto de tarefas e de obrigações; ele foi abandonando a busca dos sonhos anteriores.

"Dois anos depois, nasceu o filho (Júnior, a filha se chama Marisa) e eles se tornaram a principal ligação entre meu marido e eu. Cheguei a desejar nossa separação e não fui adiante pelas crianças; também me preocupavam suas tendências depressivas, que foram ficando mais intensas – davam-me a impressão de que ele não suportaria se eu o deixasse, embora tivesse se distanciado de mim.

"Além disso, eu não entendia que podia ter cometido um engano com o casamento: ainda não havia assumido a doutrina espírita como religião, porém uma intuição muito forte fazia-me sentir alguma ligação entre nós, que não devia ser desfeita."

– Quando você assumiu o espiritismo?

– Foi no sexto ano de casamento. Júnior tinha dois anos. Meu marido era muito atraído pelo álcool e eu tinha lido alguns artigos que mostravam influências espirituais na dependência alcoólica. Um primo, espírita, convidou-me a conhecer o centro fundado pelo professor Herculano Pires, filósofo formado pela USP, também jornalista e autor de vários livros. Ali, comecei a encontrar respostas que minha educação católica não oferecia e comecei a estudar a doutrina. Faz pouco mais de vinte anos.

"Celso vinha apresentando períodos de alcoolismo que trouxeram as piores dificuldades de nosso casamento. Era horrível, Antonieta. Meus filhos e eu vivíamos espremidos pela tristeza e a insegurança: ele é engenheiro mecânico, mas perdia um emprego atrás do outro; havia também a vergonha dos amigos, de minha família e dos ambientes que frequentávamos, como a escola em que eu lecionava e os meninos eram alunos.

"Passamos por vários terapeutas, mas nenhum conseguiu sensibilizar meu marido a assumir o alcoolismo e a se tratar para valer.

"Pouco tempo depois, ele ficou doente: um reumatismo infeccioso fortíssimo, que já tivera na infância e dessa vez o deixou, por vários anos, acamado; na verdade, ficou tão fraco que chegamos a pensar que não resistiria. Então, compreendi que minhas escolhas eram suportar ou suportar: até porque sua família não o acolheria mais: visitavam-no, mas entendiam que era 'da esposa' o dever de cuidar dele. Foi hospitalizado várias vezes e, por fim, acabou melhorando com um novo tratamento, ainda em fase experimental, que o tirou da cama. Quando se viu de novo em condições de sair de casa, voltou a beber.

"À medida que os meninos foram crescendo e se aproximando da faculdade, ele passou a ter períodos de trégua do alcoolismo; nós vivíamos entre a esperança e o medo de uma nova crise, até que conseguimos levá-lo ao centro para tomar passes – e as tréguas foram, aos poucos, se alargando. Em setembro passado, quando fiz o ultrassom do rim e suspeitou-se de que eu tivesse um tumor, o médico pediu a tomografia e me disse que podia ser maligno. Estava 'arriada' e, comentando isto com Celso, disse-lhe que seria muito difícil enfrentar um câncer se ele continuasse bebendo – pedi-lhe, mesmo, que ajudasse a mim e aos nossos filhos, ainda jovens.

"Quando tivemos o resultado do exame que confirmava um tumor, ele me disse: 'Fica tranquila, eu vou te ajudar.

Não bebo mais.' E nós estamos, agora, há quase um ano, sem o pesadelo do alcoolismo em nossa casa – tenho até medo de falar sobre isso."

Eu ouvi Margarida por um longo período de sua terapia, fazendo poucas intervenções.[5] Neste ponto, passei a me manifestar mais e comecei dizendo-lhe:

– Quando você me procurou, sabia que sou espírita por formação pessoal. Convém esclarecer que, apesar de minha opção filosófico-religiosa, não sou uma terapeuta treinada em regressão a vidas passadas e nem para o trabalho com estados alterados de consciência, que são técnicas usadas pela psicologia transpessoal. Minha abordagem vem de uma formação analítica, atualmente com intensa influência do trabalho de Jung.

Ela argumentou que não buscava uma regressão a vidas passadas; queria, apenas, poder dialogar com alguém que compreendesse sua crença espírita. Então, eu prossegui:

– Você também soube, por meu livro *Câncer e vida*, que tive câncer por mais de uma vez e passei, assim como você e tantas outras pessoas, por períodos de vida que foram difíceis. Muito bem: penso que, mais importante do que tudo o que você ou eu já sofremos é o fato de que *nós aguentamos; e cada batalha que a gente enfrenta, nesta vida, acontece porque é o caminho mais eficaz para percebermos fatos que precisávamos compreender acerca de nossas reações emocionais*. Aprendi isto com a doutrina espírita, mas é algo absolutamente coerente com meu raciocínio terapêutico.

"No caso do câncer, pessoas como nós têm a responsabilidade de fazer bom uso da condição de sobreviventes; e isto pede que a gente compreenda, de alguma forma, as relações entre a doença e nossos estilos de lidar com a afetividade.

---

[5] O conjunto de narrativas da paciente, aqui descritas, é uma compilação de anotações referentes a alguns meses de sua terapia: os diálogos, portanto, não ocorriam em um só encontro. (Nota da autora)

"Seu marido tem trazido a você e a seus filhos, já antes do câncer, provas difíceis de enfrentar. Ele deve ter sérias dificuldades emocionais, mas nós não podemos, aqui, cuidar dele: só podemos tentar compreender também o seu lado, no jogo deste casamento. Já lhe ocorreu, por exemplo, que ninguém tem o direito de tentar adaptar os sonhos do parceiro aos seus próprios? Talvez, nenhum de vocês tenha conseguido assimilar os anseios do outro e ele, com menos iniciativa, tenha perdido o interesse (como você mencionou) pelos sonhos profissionais. Mas é das 'suas' reações que podemos cuidar e, possivelmente, isto ajude a compreender, inclusive, os componentes psicológicos do câncer que você teve."

Destas considerações para a frente, Margarida mostrou, de fato, 'a que veio' em sua terapia:

– Então, Antonieta, eu preciso, exatamente, que você me ajude a desvendar uma dificuldade que tenho tido, de minha parte, no casamento. Como já contei, o Celso não tem bebido; não sei se eu esperava que, sóbrio, ele ficasse mais firme ou menos dependente... o fato é que não tenho tido mais paciência alguma com ele, tenho sido até bem agressiva.

"Daí, ele revida (nestas horas é bem firme) e a gente tem tido as discussões mais feias de nossa vida em comum.

"Meu filho, que vive conosco em casa, pede que a gente não brigue; a filha comenta em suas mensagens que está aborrecida por saber de nossas discussões e eu acabo me sentindo culpada. Uma vez cheguei a dizer que ele estragou tantos anos de nossas vidas, por que Deus não nos livra dele?!

"Tenho vergonha de lhe contar isto. Sei que, agora, deveria estar satisfeita com seu progresso; no entanto, ele me irrita até por pequenas coisas."

Eu pedi a Deus que a ajudasse a compreender o que tinha para lhe dizer:

– Margarida, creio que a irritabilidade de que você me fala está mesmo relacionada ao câncer que teve.

"Esta doença tem causas genéticas, ambientais e emocionais. Ambientais são as causas relacionadas por exemplo à poluição, tabagismo, substâncias cancerígenas que consumimos etc. e não têm a ver com nossos relacionamentos; estes compõem as causas emocionais. Nossa história de vida e o estilo que desenvolvemos para lidar com as outras pessoas também têm grande influência na origem de um câncer, porque nossas emoções interferem na produção cerebral de substâncias relacionadas à imunologia, podendo favorecer a formação de tumores, como a produção de outras substâncias relacionadas à sua cura.

"A localização dos tumores, por outro lado, não é um 'capricho do corpo' ou uma coincidência – ela também está relacionada às nossas dificuldades emocionais."

> No caso dos tumores renais, a medicina psicossomática esclarece que os rins expressam, simbolicamente, 'questões ligadas ao equilíbrio, à parceria' e as vias urinárias expressam 'resíduos de conflitos não resolvidos'. A formação de tumores nestes órgãos é 'sinal de um afastamento de seu próprio caminho, no âmbito da parceria e da harmonia, não encontrando sua identidade nas relações com os outros: quando é grande aquele distanciamento, vão se acumulando resíduos dos conflitos não elaborados' – e, se a consciência não percebe ou não consegue lidar com isso, o corpo se expressa por ela e realiza uma reprodução intensa e desordenada de células (os tumores) nesta região, simbolicamente relacionada à dificuldade de equilíbrio nas parcerias e aos resíduos de conflitos.
>
> É preciso por radicalmente em questão os hábitos e tradições antigas ou ultrapassadas, no que diz respeito às parcerias, à ligação e reconciliação com os contrários; e na presença de culpa, deve-se questionar suas próprias projeções no parceiro, para poder vivenciar e transformar antigos sonhos – é preciso buscar a harmoniza-

ção, com a segurança de que não se tem nada a perder – assim, *criar coragem para empreender seu próprio caminho, livre dos modelos ultrapassados*.[6]

– Então, vejamos, Margarida: você vem cuidando de seu marido, suportou seu alcoolismo, ajudou-o a se recompor de uma doença de difícil tratamento, sacrificou-se e a seus filhos, desgastou-se e, agora que ele está melhor e se mostra menos deprimido, você parece sentir que 'ficou com os restos da luta' para limpar, como por exemplo as condições de vida da família e de sua própria saúde.

"Isto lhe desencadeou tanta raiva, que dá até a impressão de que você precisa realçar mais as dificuldades, do que o progresso que ele teve, para justificar a mesma raiva: ela está expressando seus resíduos de conflitos e a dificuldade para se harmonizar em sua parceria: os ingredientes emocionais do câncer renal, como acabei de lhe explicar.

"Por outro lado, pensemos um pouco: 'não é dos degetos que se fazem os bons adubos para cultivar o que plantamos?' Não seria tempo, então, de transformar a raiva, como a química do sexo de ontem, numa vivência construtiva e puramente afetiva?"

Ela caiu num pranto convulso. Depois, mais calma, prosseguiu:

– Antonieta, quando era menina, eu fui tratada com muita agressividade e com muita exigência: são poucas as minhas lembranças afetivas nesta vida: eu 'quero' viver o afeto, 'sinto intensamente' o afeto, mas nem sempre consigo realizá-lo, principalmente quando não sou compreendida. Acho que aprendi mais a 'exigir' do que a 'dar'... não sei se consigo oferecer ao Celso o que raramente recebi, principalmente depois de ter tentado fazer tanto por ele e ter sofrido tanto com seu alcoolismo.

---

[6] Dahlke, Rüduger, *A doença como símbolo*. São Paulo: Editora Cultrix, 2006. 6ª. Edição em português.

Eu observei o quanto ela conseguiu transmitir de bom, ensinar e dar de si aos filhos, por puro amor: quanto eles a compreendem, apóiam, respeitam e confiam nela! E ela acrescentou:

– Eu sei que sou capaz de construir bons vínculos, quando as pessoas também colaboram, e entendo o que você me sugere; mas, no caso de Celso e eu, não consigo imaginar como vou encontrar o caminho para transformar o velho interesse sexual (que sempre é egoísta) e a raiva de hoje em amor, num amor que talvez nem tenha se desenvolvido, realmente, entre nós.

Àquele ponto, ela ficou visivelmente abalada: era claro o seu desejo e, ao mesmo tempo, sua dificuldade de perdoar o marido com o qual tivera uma convivência tão atribulada!

Então, eu recorri a quem recorro quando sinto meus recursos se escasseando: meu pensamento voltou-se para Deus. Lembrei-me, também, de que ela viera a mim confiando que eu teria uma compreensão diferenciada, por força de minha formação religiosa. Ela procurara, na terapeuta, a 'irmã'.

Nunca antes havia assumido uma postura desta natureza, no consultório, mas deixei que minha intuição tomasse as rédeas e pedi a Margarida que me permitisse fazer, ali, uma prece. Ela simplesmente fechou os olhos, acenou afirmativamente e baixou a cabeça. E foi assim que me expressei:

"Jesus, o senhor sabe que Margarida e eu estamos aqui, trabalhando juntas para superar uma doença que é muito influenciada pelas emoções: e que ela está se defrontado com uma intensa raiva de seu companheiro, sentimento que gostaria de elaborar, de transmutar através da compreensão, o que não tem conseguido no plano da ação.

"Estou procurando ajudá-la a encontrar a trilha que leva a isso, a trilha do perdão, caminho que conheço para que ela encontre o equilíbrio desejado. Entretanto, esta não é uma busca fácil, Senhor. Não basta saber 'o que' é preciso, se não se sabe 'como' consegui-lo.

"Ajuda-nos, por favor, a vislumbrar um meio de ultrapassar o rancor e a raiva, além da simples compreensão racional das fraquezas humanas, para que Margarida possa desenvolver seus potenciais de amor e com eles encontrar o caminho de uma convivência harmoniosa com seu parceiro.

"Mostra-nos, Senhor, um caminho para 'pôr em prática' o que nos ensinaste. Estou lhe pedindo, especialmente, uma ajuda para que Margarida liberte seu coração das feridas que o passado lhe deixou e se desvista das velhas vivências que tanto a amarguraram. Ilumina-a, por favor.

"Talvez, Jesus, o ser humano precise buscar um pouco mais pelo 'Seu' amor: ajuda-nos a encontrá-lO, sentindo, dentro de cada um de nós, o calor de Sua bondade e a proteção de um abraço Seu, para que sejamos mais capazes de acolher a quem quer que seja, nesta vida, com a brandura de uma compreensão serena e ativa.

"Dirigindo Teu olhar a Margarida, orienta, por favor, a quantos como ela precisam curar a memória, o coração e o espírito de suas tendências hostis. Muitos, entre nós, precisam de luz para 'saborear' esta vida, mesmo enquanto lidam com seus desafios, em lugar de cultivar mágoas e limitarem-se a 'suportar' a mesma vida!

"Mas aceita também, Senhor, nosso agradecimento por todas as oportunidades que temos, de aprender a ser pessoas um pouquinho melhores a cada dia, inclusive através de nossas provas, assim como por todas as ajudas que recebemos, mesmo sem pedir. Que assim seja, graças a Deus."

Nada mais comentamos após aquela prece; com ela, esgotou-se uma sessão. Margarida despediu-se, aparentando alívio.

De minha parte, também encerrei o expediente daquele dia, com uma sensação muito boa de ter feito um trabalho pleno.

Em minha casa, algo levou-me diretamente aos meus livros de cabeceira. Sentia uma vontade imensa de reler algumas parábolas de Jesus e busquei-as num trabalho precioso do dr. Alírio de Cerqueira Filho (*Parábolas tera-*

pêuticas). Trata-se de um psiquiatra que desenvolveu uma análise do conteúdo terapêutico das parábolas de Cristo.

Em função das queixas de Margarida, procurei pela "Parábola da conciliação com os adversários" – originária do Evangelho de Mateus, em seu capítulo 5.

Relendo aquele texto, senti que a espiritualidade trazia uma resposta privilegiada à prece que havia feito no consultório – e tirei uma cópia do mesmo, para sugerir que Margarida o lesse e depois conversássemos sobre ele. Eu já tinha aberto minha postura a algo inusitado... agora era ir até o fim.

Na parábola em questão, Jesus disse assim:

> Concilia-te depressa com teu adversário, enquanto estás no caminho com ele, para que não aconteça que o adversário te entregue ao juiz, e o juiz te entregue ao oficial, e te encerrem na prisão. Em verdade te digo que de maneira nenhuma sairás dali, enquanto não pagares o último ceitil...

E assim se segue, em resumo, a releitura terapêutica do autor:

> Como todos os ensinos de Jesus, este precisa ser interpretado, não pode ser avaliado ao pé da letra, dois mil anos depois, quando as expressões que Ele usou devem assumir significados correspondentes ao contexto em que vivemos hoje.
>
> Ao mencionar 'inimigos', Ele não se restringia às pessoas com quem não nos entendemos bem – Sua referência se expandia também aos 'nossos adversários internos': os *pensamentos, sentimentos e atitudes negativos* que mantemos. Estas *emoções envolvem nossa consciência em conflitos carregados de culpa, medo, ansiedade e de angústia; e esta é a prisão da parábola*, da qual não sairíamos 'sem pagar o último ceitil'.
>
> A expressão 'pagar', aqui, é símbolo de *reconciliação com os adversários internos e exter-*

nos – transformando *aqueles sentimentos negativos no entusiasmo da renovação*, na busca do equilíbrio e da saúde.

Como isto é possível? *Conciliando-nos, primeiro, com nosso orgulho ferido, gerador de mágoas e ressentimentos.* Este 'apaziguamento interno' vai *mostrar-nos o caminho para assumir nossas fraquezas, podendo transmutá-las em intenções positivas e deixando de projetar, no outro, as nossas falhas e dificuldades.*

É preciso tentarmos *compreender as nossas próprias negatividades,* para nos colocarmos *como aprendizes de vida* e buscar nosso aperfeiçoamento.

A *culpa nasce de um processo de autojulgamento*: se nos fazemos juízes de nós mesmos, *nos autocondenamos por não sermos perfeitos como gostaríamos, por causa de nossas vaidades.* Assim, não estamos nos assumindo como realmente somos (porque não nos reconciliamos com nossas dificuldades e fraquezas) e *estamos nos encerrando na prisão das doenças físicas e emocionais.*

Conciliando-nos com nossas dificuldades, *não estamos nos acomodando a elas* – estamos *assumindo nossas imperfeições que, em sendo superadas*, nos ajudam a *progredir na condição de aprendizes.*

Outra ameaça à nossa prisão interior é *a desculpa*: é ela que nos leva a *projetar no outro* (querer ver no outro), as *nossas imperfeições, tentando justificá-las* – a presunção de sermos melhores do que o outro leva-nos à ilusão de sermos melhores do que já conseguimos ser.

Muitas pessoas passam uma vida toda presos nos conflitos temperados pela culpa e pela desculpa, sem perceberem. Então, *é preciso voltarmos à Casa do Pai* – à segurança dos ensinamentos divinos.

Como se retorna ao Pai, se estamos presos em nossos conflitos? Precisaremos *realizar uma ação* que, nesta parábola, Jesus chama de *'pagar o último ceitil'.*

'Ceitil é a menor porção de uma moeda'. Seria equivalente a um centavo. *Pagar um ceitil significa fazer um pequeno exercício de mansidão e humildade de coração*, para reconhecermos que *os problemas geradores de nossos conflitos internos não são causados pelos outros: são causados por nós mesmos...* Portanto, só nós podemos resolvê-los.

Quando reconhecemos, com humildade, que *estamos presos às nossas próprias inseguranças* e dificuldades (e não a fatores externos), então *pagamos aquele ceitil* e livramo-nos da prisão! Só precisamos de humildade e de mansidão, do tamanho de um ceitil!

Se precisássemos de muita humildade, não conseguiríamos 'pagar nossa fiança'. Mas Deus é amor, não expulsa nenhum filho de Seu Reino. *Ele só espera de nós um mínimo de humildade e mansidão* para não nos envergonharmos de nossa condição de aprendizes.

Nossos *adversários internos* chamam-se *vaidade, orgulho, egoísmo, indisciplina, presunção, prepotência etc*. Para nos livrarmos da culpa e não precisarmos da desculpa, precisamos conciliar-nos com os adversários e *transformá-los em amigos evolutivos, isto é, aliados de nosso progresso: superando nossos erros* e *buscando sua reparação*. Assim, encontramos o poder transformador do amor, com o qual fomos criados e ao qual podemos usar, sempre que *assumimos nossa condição de aprendizes*.

A este ponto, não teremos mais dificuldade de compreender, perdoar e reconciliar-nos, igualmente, com eventuais adversários externos, porque são nossos semelhantes.[7]

Assim, dr. Alírio interpreta, num caminho terapêutico que aqui resumi, a parábola da Conciliação.

De fato, eu já tentara mostrar a Margarida que a raiva dirigida a seu marido parecia ser, antes, uma projeção de

---

[7] Filho, Alírio de Cerqueira. *Parábolas terapêuticas*. Santo André, S. P.: EBM Editora, 2008, pp.. 135 a 141.

suas insatisfações consigo mesma. Enquanto ele se refugiava no alcoolismo, suas fraquezas estavam tão evidentes que ela exibia seus esforços e se protegia de ver as próprias dificuldades.

Agora, com o marido menos comprometido (física e emocionalmente), ela parece ter reeditado suas insatisfações e, por que não dizer, o orgulho e a prepotência que desenvolveu, lutando sozinha por sua família, durante tantos anos... E passou a mostrar, destrutivamente, a raiva de não ter cuidado melhor de si mesma, projetando-a no companheiro que a incomoda, ao reerguer-se como pode: por isso ela realçava cada uma das fraquezas que ele vinha tentando superar e não queria dar crédito aos seus progressos.

Compreender tudo isso numa parábola recheada com o amor de Cristo foi muito menos penoso do que olhar diretamente para suas defesas – e não deu espaço à culpa, tampouco.

Margarida percebeu que sua irritabilidade com o parceiro vinha de pesadas críticas e julgamentos que vinha dirigindo a si própria, pelos equívocos que cometera buscando um sucesso profissional possível, mas não essencial, nas formas que ela idealizara, conforme as velhas expectativas que importara de sua família de origem: exemplos dos quais ela foi se lembrando aos poucos.

Se as mágoas dirigidas àquela família estavam superadas, como me mostrou mais tarde, os padrões de comportamento defendidos pela mesma ainda se manifestavam nos paradigmas de conduta que ela vinha usando; e alimentavam, por exemplo, a vergonha que experimentou do marido alcoólatra (resíduos de conflitos).

Agora, sim, ela começa a acolher a família que tem, respeitando o direito de cada um (incluso o seu) de 'definir estilos atuais' de caminhada em comum. Os velhos e superados roteiros que desempenhou ficaram para trás e, com eles, a raiva e o desequilíbrio de sua relação conjugal. O afeto de uma amizade verdadeira pode, enfim, brotar e ser fortalecida entre esse casal. O câncer de Margarida está proporcionando o renascimento sadio de sua família.

Sua terapia praticamente se esgotou na parábola de Jesus, da qual uma prece levou-me a lembrar. Bendita a hora em que me desvesti do rigor técnico e fiz aquela prece: ela foi, antes de tudo, uma experiência diluidora de negatividades.

Nós, terapeutas, aprendemos também (com o mestre Jung) a reconhecer o que chamamos de:

> [...] *sombra: um repertório de características de conduta que não aprovamos em nós mesmos*. Ele gostava de comparar nossa sombra a um '*sparring*', ou 'parceiro do treino de box', porque a sombra pode ser um auxiliar, dentro de nós, que expõe nossas falhas para aguçar nossas habilidades: como um professor, um treinador, um guia que nos apóia no descobrimento de nossas virtudes, mostrando nossos pontos fracos a serem superados.[8]

Apenas outra linguagem para explicar o que Jesus expressara, por exemplo, em sua parábola da Conciliação: "Quando mergulhamos as mãos no solo rico de nossa sombra, descobrimos que ela é um terreno fértil a ser cultivado", porque *dela sairá o adubo de que precisam as melhores sementes da pessoa que desejamos ser*.

---

[8] Chopra, Deepak; Ford, Debbie e Williamson, Marianne. *O efeito sombra*. São Paulo: Editora Lua de Papel, 2010.

VIII – Conclusões

> **Soneto de Fidelidade** – (Parte final)
>
> ... E assim, quando mais tarde me procure
> Quem sabe a morte, angústia de quem vive,
> Quem sabe a solidão, fim de quem ama,
>
> Eu possa me dizer do amor (que tive):
> Que não seja imortal, posto que é chama,
> Mas que seja infinito enquanto dure.
>
> (Vinicius de Moraes)

Foram apresentados aqui cinco casos de câncer (além do meu): um homem e quatro mulheres.

Todos foram meus pacientes em psicoterapia, a partir de 2003, quando acrescentei o campo da psico-oncologia ao meu trabalho clínico com adolescentes e adultos em geral. Entretanto, o fato de terem sido selecionados cinco mulheres e um homem, não tem qualquer significado estatístico relacionado à incidência de câncer em pessoas do sexo masculino ou feminino.

As vivências do paciente e da família não acontecem em separado, são muito interligadas. Por uma facilidade maior de expressão, porém, quero abordar as conclusões que atingi, nesta ordem, sobre *o câncer para o paciente – e para a família do paciente*.

1 – *O câncer para o paciente*

A primeira reação que o câncer provoca nas pessoas, quase todas, é o desespero: porque o primeiro fato que ele sugere, a quase todos, é o risco da morte.

Receber um diagnóstico de câncer costuma ser uma experiência paralisante: mais ou menos como ouvir que há uma bomba dentro da gente – e, se não tivermos muito cuidado e sorte, ela pode explodir em nosso corpo, ainda que aos poucos.

Em todos os casos narrados aqui, os pacientes mencionaram o recebimento do diagnóstico como um grande choque.

É uma autêntica experiência traumática. E traumas, por definição, são experiências envolvidas por emoções mais fortes do que se pode, de imediato, suportar.

Dois fatores colaboram para que se supere um trauma: o tempo e a repetição mental da experiência – recordá-la ou narrá-la por diversas vezes.

Todavia, conforme as possibilidades de evolução de cada caso e, igualmente, conforme a postura do médico que dá a notícia do diagnóstico, quando se trata de câncer, este momento pode ser ainda mais do que traumático, como se verá a seguir. Os médicos sabem que se trata de uma situação extremamente delicada. Porém, por serem geralmente pouco preparados para lidar com o capítulo das reações emocionais, ou talvez por entenderem que 'esta não é a sua praia', eles se agarram ao manual de ética – que não ensina a consertar os danos causados na mente dos pacientes, mas evita danos em 'suas' mentes. Então, vejamos:

O código de ética médica determina que:

> [...] o diagnóstico seja sempre dito ao paciente, que este conheça sempre os objetivos de qualquer procedimento a que seja submetido e que nenhum procedimento seja feito sem sua autori-

zação. Além disso, todo diagnóstico feito por um médico é segredo profissional entre ele e o paciente e somente este pode romper tal segredo.[9]

Penso que esta norma seja indiscutível, como é indiscutível o direito de uma pessoa saber o que se passa com ela. Além disso, é bastante difícil conquistar a confiança de alguém e sensibilizar alguém para um tratamento, sem dizer-lhe a verdade.

O que me parece merecer uma reflexão, contudo, é a *forma apropriada para fazê-lo e a seleção de variáveis que precisam (ou não) ser comunicadas, em cada contexto.*

Entendo que, mesmo tratando-se de algo traumatizante, o diagnóstico precisa ser revelado ao paciente. A variável mais delicada, no meu ver profissional e humano, diz respeito ao *'prognóstico'*, sobretudo quando é fechado ou sem esperança, pois esta revelação pode ser, em vários casos, uma *'experiência enlouquecedora'*.

Quando algo é enlouquecedor? Quando leva a pessoa a perder suas defesas contra a ansiedade desencadeada pelo fato, a perder a crítica da realidade externa e interna, até mesmo mergulhando em idéias delirantes. Vivências enlouquecedoras podem levar pessoas a desistirem de viver, entrando, por exemplo, em estados melancólicos nos quais nada mais lhes interessa, ou, até mesmo, entrando em reações suicidas bastante ativas, isto é: só lhes interessa morrer.

Sei que estou me expressando de forma dramática, porque formular um prognóstico fechado para uma pessoa já susceptível e enfraquecida por uma doença grave é uma das posturas mais dramáticas que conheço em minha prática da psicologia clínica.

Desta forma, considero inaceitável que um profissional da saúde comunique um prognóstico fechado para um paciente, até porque isto se baseia em dados estatísticos – sem-

---

[9] Oliveira, Juvenal Antunes e Faria, Sérgio Luiz. *Câncer, conhecer e enfrentar*. São Paulo: Editora Contexto, 2001.

pre relativos, como incidências numéricas que são – e ainda variam conforme as circunstâncias e respostas individuais.

A paciente Beatriz, por exemplo, cuja história compôs o capítulo VI deste livro, tinha um prognóstico inicial de seis meses e sobreviveu um ano e meio, com vida útil na maior parte deste tempo. Talvez, exatamente por não conhecer aquele prognóstico, sua evolução tenha superado as expectativas médicas.

Já o paciente Jorge (capítulo IV), informado de que provavelmente teria meses de sobrevida, não só desistiu de viver, como tentou concretamente saltar de uma janela.

O que há de útil em se dizer para uma pessoa, já assustada com o câncer, que provavelmente ela terá chance de viver apenas por mais seis meses, um ano ou dois?...

Se providências práticas precisam ser tomadas, há a família que, geralmente, está aclimatada às preferências do paciente, há profissionais como os assistentes sociais e os advogados treinados para lidar com fatos desta natureza e ainda há as próprias leis, que estabalecem critérios para a transmissão de bens por herança, por exemplo, ou critérios para a tutela de menores, quando é o caso. Além disso, um paciente de câncer inevitavelmente 'pensa em seu dia de amanhã' e expressa, aqui ou ali, os seus desejos.

Portanto, não vejo justificativas para se formular uma sentença de morte ao portador de uma doença como esta, senão a prepotência, a onipotência ou até mesmo alguns traços de sadismo que todos nós carregamos...

Qual o problema de se responder: 'nós não sabemos', 'as estimativas estatísticas são sempre relativas', 'é melhor cuidarmos de sua vida em lugar de gastarmos energias com riscos de morte'... e por aí adiante?

O poder de persuasão inerente à figura de um médico, sobretudo quando este se mune de paciência e compaixão, é grande o suficiente para estimular um paciente a lutar por sua vida, prolongá-la e morrer com dignidade quando chegar este momento. Contribuir para que o paciente tenha controle do medo e do desespero sempre o ajudará a procurar uma qualidade de vida ao menos razoável e a investir nas possibilidades de tratamento que se lhe vislumbrem.

Atualmente, as pessoas têm muito acesso a informações inclusive de cunho técnico – está aí o 'dr. Google' que não me deixa mentir – e, se um paciente fizer questão de uma resposta, ele irá buscá-la de alguma forma. Isto é algo que não se pode evitar... mas, aqui, estamos falando da escolha de cada um.

Todavia, quando um médico dá a um paciente uma informação (geralmente inesperada) sobre sua sobrevida, por maior que seja a experiência daquele, deixa o paciente 'sem escolha', porque está, simplesmente, pondo-o em contato com a morte iminente. Não será preferível deixá-lo exercer seu direito de escolha, se quiser?

Se uma pessoa faz questão de conhecer um fato, ela também se arma da coragem que tem para enfrentá-lo – já quando se depara com ele, sem estar preparada, pode não suportá-lo. No mínimo, será exposta a um grau bem mais cruel de sofrimento. Não por acaso, narrei aqui uma história que ilustra isso em todas as suas nuances. Infelizmente, não têm sido raras as vivências terapêuticas semelhantes ao caso de Jorge, que médicos nos encaminham depois de terem desencadeado o absoluto descontrole do paciente, e que talvez nem um psiquiatra e um terapeuta possam mais ajudar a controlar!

Muito bem: quando uma pessoa fica sabendo que tem poucas chances de vencer a doença, e suporta este fato, cabe aos profissionais e à família estimularem-na a investir no que mais lhe importa, 'na vida', ou seja, enquanto uma pessoa está viva e tem condições de circular em seu ambiente, é em suas relações com a vida que devemos ajudá-la a se concentrar.

Se a doença progride com rapidez, convém procurar, em nível hospitalar, o que hoje se chama de *cuidados palia-*

tivos': uma especialidade médica voltada à fase terminal de uma moléstia ou à sua impossibilidade de melhora, sem reduzir em nada a vida – mas envolvendo o paciente do conforto, alívio e dignidade a que todos têm pleno direito.

Inclusive os hospitais públicos contam, atualmente, nos meios urbanos, com um setor de cuidados paliativos.

Quando existem possibilidades de se vencer a doença – e isto é bastante frequente – depois do diagnóstico, logo que o paciente volta a 'sentir o chão sob seus pés', a lucidez costuma chamá-lo a 'escolher as armas' e partir para a luta.

Ao pensarmos nesta luta, convém esclarecer que:

> [...] o câncer é uma doença crônica, porém curável em muitos casos. Por que 'doença crônica'? Porque pode persistir (ativa ou não) ao longo de muitos anos, toda uma vida, sendo passível de tratamento e de controle.
>
> *O tratamento é a única forma de se saber, ao certo, se um tumor é curável ou não* (o que é mais uma razão para não se comunicar prognósticos, à primeira vista, fechados, aos pacientes). Por outro lado, trata-se da doença crônica mais curável atualmente. Nos países desenvolvidos, cerca de 50% dos casos são curados; no Brasil, estima-se que este número seja um pouco menor.[10]

É conhecido o fato de que enfrentar o câncer não costuma ser uma briga fácil, a não ser quando é suficiente uma cirurgia pouco agressiva e exames posteriores para controle. Em grande número de casos, são necessários tratamentos complementares como a rádio e a quimioterapia, que é um tratamento sistêmico (atinge o corpo todo) e traz efeitos colaterais que podem ser bastante desconfortáveis. Portanto, o combate à doença pode ser outro desafio, como ela própria.

---

[10] Oliveira, Juvenal Antunes e Faria, Sérgio Luiz. *Câncer, conhecer e enfrentar*. Idem à nota de rodapé nº. 8.

Quando se pensa nesta moléstia, então, é impossível desconsiderar seus componentes emocionais: eles estão, como tudo indica, entre suas causas como entre suas consequências.

Nos meios médicos, especialmente entre os oncologistas, ainda se considera um aspecto polêmico a possibilidade de fatores emocionais estarem entre as causas do câncer. Grande parte dos médicos, no Brasil, entendem que, possivelmente, aqueles fatores concorram com as causas dos tumores malignos: mas, como ainda não dispomos por aqui de 'provas científicas' sobre isto, o tratamento psicológico nem sempre é incluído na rotina do tratamento geral do câncer. É mais comum que os pacientes e seus familiares procurem ajuda psicológica por iniciativa própria e por conta do sofrimento emocional que a doença e seu tratamento desencadeiam.

Nos países do hemisfério norte, contudo, já não se discute a questão dos componentes emocionais que contribuem, ao menos como gatilhos, para o desenvolvimento dos tumores malignos – a ponto de autores europeus e norte-americanos já terem, inclusive, definido o perfil de personalidade do paciente de câncer. Exemplos deste perfil foram citados, na narração dos casos que apresentei nos capítulos anteriores.

O campo de estudo e tratamento dos componentes emocionais do câncer constituiu-se numa interface entre a psicologia e a medicina e se chama "psico-oncologia", área profissional que começa a abrir espaço em nosso país.

O psicólogo, quando está familiarizado com os traços principais da personalidade do paciente de câncer, sabe que os mesmos traços que contribuíram para o desenvolvimento da doença poderão ajudar a superá-la, se bem compreendidos e redirecionados.

Assim, a baixa autoestima, o medo da rejeição e do insucesso, a necessidade de corresponderem às expectativas do meio, mais a imensa sensibilidade e a grande capacidade de esforço e persistência que caracterizam estas pessoas podem levá-las a um reencontro consigo mesmas e à descoberta de seu 'direito à vida', que costuma implicar em motivações consistentes, para que não só enfrentem os desafios da doença e do tratamento, como aprendam a 'degustar' sua trajetória, em lugar de 'suportá-la' como a uma grande tarefa!

A própria experiência de luta contra a doença pode dar às pessoas uma nova dimensão de seus melhores potenciais: elas vão se dando conta de sua força interior, vão se tornando menos tiranas consigo mesmas, passam a brigar menos com a próprias dificuldades (que todos nós temos!) e a brigar mais por suas chances de serem bem sucedidas naquilo que de fato lhes importa.

Em quatro dos cinco casos aqui narrados, este desenrolar foi constatado, no que tange ao paciente ou à sua família mais próxima.

Do ponto de vista emocional, portanto, as batalhas contra o câncer levam, frequentemente, os pacientes a um processo de compreensão da realidade e de autocompreensão, que podem redundar numa reintegração da personalidade, uma verdadeira vivência de 'individuação' – e este caminho, por sua vez, favorece muito, do ponto de vista espiritual (para quem se importa com este âmbito), um encontro ou reencontro com o 'eu superior' ou o 'si mesmo' e com sua autêntica trajetória evolutiva.

Quase todos os pacientes desta moléstia, que tenho acompanhado em psicoterapia, descobriram algo mais que poderia ser conquistado em seu saber de viver, graças à vivência da doença. Mesmo aqueles que foram a óbito desenvolveram uma inusitada calma e naturalidade diante das pedras de seu caminho e expressaram desejos de rever atitudes antes traiçoeiras para si próprios.

Há uma pequena história da tradição oriental que ilustra, com rara beleza, ao meu ver, as possibilidades de evolução psicológica e espiritual do ser humano em situações adversas. Vale a pena resumi-la aqui:

Shirokei Akyama foi um cidadão conhecido, envolvido com artes marciais, e que se defrontou por muito tempo com uma questão: 'opor força à força não é solução, porque a força só pode ser vencida por uma força maior; opor razão à outra razão também não é boa estratégia, porque sempre haverá um argumento racional mais forte, que poderá nos vencer'.

Enquanto refletia sobre estas questões, caminhando em seu jardim, ouviu alguns estalos do galho de uma cerejeira que se partia sob o peso da neve – mas viu, logo adiante, um salgueiro à margem do rio que corria bem próximo.[11]

Seus galhos flexíveis se inclinavam sob o peso da neve e, chegando ao solo, eles se libertavam suavemente da carga do gelo para, então, voltarem intactos aos seus lugares.

Foi no movimento e na flexibilidade do salgueiro, que Shirokei encontrou a luz que buscava: 'respeitar a realidade e saber se inclinar para melhor se endireitar; saber se inclinar temporariamente para permanecer de pé depois: vencer o duro e o sólido, porque a rigidez leva à morte enquanto a maleabilidade é o caminho da vida!

> A retidão do salgueiro é delicada e vibrante; sua coluna vertebral não compõe uma estaca, mas uma calma de energia radiante, com brandura na retidão e doçura no vigor. Ele mantém unidos os contrários, já que a água é sempre mais firme do que a rocha.
> Antes de tudo, é preciso cuidar das raízes, pois o primeiro passo da dança é o enraizamento: ele nos faz encontrar o eixo, que permitirá abandonarmo-nos aos movimentos do inspirar e do expirar... O salgueiro nos ensina a *caminhar a passos de*

---

[11] O salgueiro é, entre nós, a árvore conhecida como 'chorão'. (Nota da autora)

raízes: nem ao longo, nem ao largo, caminhar em profundidade, que é a direção das alturas; buscar em nossas raízes a seiva de nosso futuro e o impulso para nos mantermos eretos na luz...

Temos as raízes que podemos ter, conforme os valores que escolhemos e o terreno onde as mergulhamos. A árvore não sabe fugir, é obrigada a enfrentar todos os ventos e, ao enfrentá-los, suas raízes e suas razões se fortalecem. Todavia, ela se inclina, *não afronta às intempéries, mas se prepara sempre para reerguer-se*.

O homem também precisa fortalecer seu eixo, fazendo escolhas cuidadosas, e com docilidade frente ao real, desenvolvendo sua inteligência. Quando estas virtudes lhe faltam, o medo o invade e a vaidade o leva a destroçar-se.[12]

O câncer é um terrível vendaval que ameaça carregar consigo o paciente. Mas lições, como a do salgueiro, são bem assimiladas por todo aquele que tem sua sensibilidade enriquecida com os desafios que vai enfrentando.

2 – O câncer para a família

A família funciona, como um sistema vivo, de modo que o que acontece de relevante a um de seus membros repercute sobre os demais: os efeitos de um fato significativo não se restringem à pessoa que o vive, mas afetam, normalmente, quase todos ou todos os demais membros.

Os sistemas vivos são como uma cascata, ou cachoeira: parecem manter sempre um equilíbrio, mas, internamente, seus elementos estão continuamente mudando. Portanto, os efeitos de uma doença como o câncer disseminam-se na família, mesmo que não se disseminem no paciente...

E o surgimento desta doença, para a família, funciona sempre como uma catástrofe: é algo com poder devastador, que geralmente provoca uma crise.

---

[12] Leloup, Jean Yves. *A sabedoria do salgueiro*. Campinas, São Paulo: Editora Verus, 2003.

Como se define uma crise? É um período de mudança iminente e inesperada: qualquer situação poderá melhorar ou piorar o contexto, mas este certamente se alterará. Em chinês, 'crise' é uma palavra composta de dois caracteres que significam: 'perigo' e 'oportunidade', ou seja: *crise é uma oportunidade perigosa*.[13]

Quando as pessoas envolvidas mais de perto com a ocorrência de um câncer na família não conseguem sustentar emocionalmente as mudanças que uma crise desencadeia, tendem a se desestabilizar, se descompensar e tornam-se mais passíveis de mergulharem em outras crises.

Trata-se, geralmente, de eventos estressantes, que podem proporcionar aprendizados positivos, como podem reduzir a capacidade das pessoas enfrentarem problemas. É mais comum, felizmente, que elas aprendam a lidar com crises e passem a evitar transtornos com sua saúde física e mental.

De fato, viver, atualmente, pode ser 'estar sob estresse'. Crises, ou oportunidades perigosas, são muito frequentes na trajetória das pessoas em quaisquer contextos sociais. Contudo, algumas crises são mais ameaçadoras e desestabilizantes do que outras e, quando o câncer acontece, não somente o paciente enfrenta uma crise, como todos (ou quase todos) os elementos da família são atingidos, embora nem todos da mesma forma: isto varia conforme a proximidade na convivência com a pessoa doente e conforme a capacidade de cada um para se adaptar e se reestruturar ao longo da crise.

A família pode diminuir o desgaste de seu ambiente, se for modificando aos poucos o seu estilo de vida, alterando as prioridades, ao atender às necessidades da pessoa doente.

Quando as mudanças se impõem, são inevitáveis, não deixam muita escolha à família, podem se constituir em grandes fatores de estresse, a menos que se tenha uma

---

[13] Silva, Célia Ma. Nunes, *Como o câncer (des)estrutura uma família*. São Paulo: Editora Annablume, 2001. (Tese de doutorado da Universidade Federal da Bahia, 1997).

grande capacidade de assimilar mudanças. Isto só é próprio de criaturas amadurecidas, com um grande repertório de vivências e de desafios, além de uma boa capacidade para 'se doarem', com naturalidade, a quem precise de ajuda.

Se a família é composta de pessoas menos amadurecidas, ou mais egoístas, o câncer de um de seus elementos pode ser vivido como 'um invasor que chegou sem avisar e desorganizou o equilíbrio do grupo'. Esta família não costuma ser muito unida e pode até cuidar de seu elemento doente como consegue, mas sente-se lesada pelos cuidados que dispensa; é impossível que o paciente não o perceba e não se sinta, *ele próprio e não a doença*, o fator desestabilizante da família, o que costuma lhe trazer decepções importantes, mágoas inevitáveis e uma dificuldade a mais para enfrentar suas crises; isto é lastimável, pois decepções, sentimentos de rejeição e mágoas já se constituíram nas próprias etiologias emocionais da doença. E este paciente precisará ter razões individuais e íntimas para não esmorecer em sua luta pela vida.

Há famílias que sequer tentam assumir as mudanças necessárias, em seu dia a dia, para enfrentar as crises que o câncer desencadeia para o paciente: este, então, se vê literalmente desprotegido e tem estresses mais intensos a suportar. Se não tiver uma força interior considerável, pode desistir da luta. Pior do que não ter família é tê-la e não contar com ela.

Por outro lado, *não é indicado que nenhuma família altere os projetos de vida de seus membros* – é preciso enfrentar as mudanças necessárias, sem anular as trajetórias pessoais de cada um. Cuidar de alguém doente 'não significa viver a doença com o paciente'. *Apoiar, dar calor humano, ajudar, estimular uma pessoa doente não deve implicar em viver por ela* – o que, aliás, é impossível e só aumenta o estresse familiar ou de quem está mais próximo do paciente.

Quanto maior o estresse que a doença acarretar para a família, mais abalado ficará seu ambiente e mais difícil pode se tornar a evolução do quadro. Isto até pode estimular, com o tempo, o desenvolvimento de uma nova estrutura familiar, mais coesa e equilibrada, no esforço de ir vencendo as crises.

Contudo, se se tratar de um grupo que 'cria aparências de uma coesão que nunca foi e nem se torna real', o câncer costuma ser um fator que 'põe as cartas na mesa' e deixa claro o vazio familiar que mal se disfarçava antes. Este é um contexto que exigirá do paciente uma grande maleabilidade para rever sua realidade e seus estilos de relacionamento, reaprendendo a investir em suas relações, além de lutar sozinho contra o mal que o atingiu. E este é o paciente que mais precisará da 'Sabedoria do Salgueiro', por exemplo, mas, não raro, 'pode' se tornar uma pessoa mais fortalecida, quando vence a doença, porque vivencia intensamente seus melhores potenciais e encontra razões, que antes não percebia, para acreditar mais em si mesmo e aumentar sua autoestima, portanto.

Como acontece para o doente, o médico é o guia e a bússola da família. Quando ele é um profissional que *aprendeu a ouvir seus pacientes,* também orienta melhor as famílias, com firmeza e serenidade, por mais difícil que seja o quadro com o qual está lidando.

Se o paciente costuma ter uma grande necessidade de ser ouvido, a família já tem uma necessidade maior de 'ouvir ao médico' e receber dele os parâmetros a serem seguidos, porque ela geralmente sabe que pode ter de tomar decisões por aquele e precisa, ao menos, ter segurança sobre os meios de estimulá-lo a enfrentar as crises da doença e do tratamento.

Atualmente, a 'medicina de grupo' exige da maioria de seus profissionais que se desembaracem dos atendimentos, no mínimo tempo possível, com exceção dos planos de alto padrão, porque trata-se de empresas que visam lucro (como quaisquer outras). A saúde é o produto que estas empresas oferecem, procurando, todavia, ter o menor custo possível com recursos materiais, técnicos e humanos, sob risco de não atingirem o lucro previsto, ou mesmo de não sobreviverem, como vez ou outra se vê acontecer.

Desta forma, os médicos que dependem de convênios mais populares para comporem sua própria clientela (muitos deles) são mal remunerados e só sobrevivem se atenderem uma grande quantidade de consultas por dia. Por vezes, é até um pouco menos cruel a realidade do médico no serviço público. Então, mesmo que aquele profissional 'saiba' da importância de ouvir aos seus pacientes, não tem condições reais de fazê-lo – a menos que consiga mesclar seu trabalho com atendimentos particulares, aos quais a grande massa de nossa população não tem acesso.

Isto dá, muitas vezes, às famílias, uma responsabilidade a mais: se cotizarem para proporcionar ao paciente um atendimento de melhor qualidade. Se o câncer não impede, muitas vezes, que o doente prossiga trabalhando durante seu tratamento, também não lhe permite aumentar o ritmo de trabalho para fazer frente a melhores cuidados médicos, a exames de melhor qualidade e a medicações (como os quimioterápicos orais) que muitos convênios não cobrem.

Disponibilidade financeira também é um fator que tanto pode agregar, como pode dispersar ou desestabilizar um grupo – na verdade, é um grande fator de teste da coesão familiar.

Assim se vê que a doença em questão impõe à família desafios outros, além daqueles impostos ao paciente, porque doentes em geral e doentes de câncer em especial dependem das reações de seu contexto familiar, tanto para ajudar-lhes a ter coragem de enfrentar a doença, a ter boas respostas emocionais, como para ajudar-lhes concreta e materialmente.

Quando o prognóstico é fechado, ou seja, quando se trata de um tumor incurável ou de um processo de metástase avançada – e quando o médico tem a sabedoria de não revelar estes fatos ao paciente –, o continente que precisa segurar e administrar esta realidade, de preferência em silêncio, é a família. Então, seus membros precisarão exercitar bastante uma união, tanto para protegerem e ajudarem o doente, quanto para fortalecerem a si próprios diante de todas as variáveis de um desenlace mais próximo e sabido.

Famílias nas quais a fé tem um bom e sistemático espaço, costumam revelar recursos afetivo-emocionais mais consistentes para lidar com crises, enfrentando-as num estilo humano e digno: porque a fé é sempre um agente fortalecedor das emoções mais positivas e das respostas mais compassivas e desprendidas (apesar da tristeza).

Onde predomina um estilo mais materialista de vida, também predominam o egoísmo, a vaidade, a competição e alguma frieza emocional. Nada disso fortalece a coesão e o equilíbrio de um grupo. Exceções existem, mas são raras.

Resta-me abordar, a propósito das relações entre câncer e família, a conclusão que se me vem impondo, na vivência do tratamento psicológico de pacientes deste mal: tudo indica, como antes já anunciei aqui, que o *câncer seja uma doença de família* – não só no contexto genético (que nem sempre é fator causal predominante), mas também no contexto emocional.

Falemos disso, agora, mais detidamente.

Se muitos de nossos médicos ainda dão pouco espaço a este fato, em seu programa terapêutico do câncer, muitos outros já o assimilaram – e nos países desenvolvidos, esta questão nem se discute mais: é ponto pacífico, entre eles, que um conjunto de circunstâncias afetivo-emocionais estão entre os fatores causais do desenvolvimento do câncer.

O que tenho constatado, com *impressionante frequência*, é o fato de que *aquelas circunstâncias afetivo-emocio-*

nais são constituídas por circunstâncias familiares. Vejamos como isto se processa.

> Grande maioria dos pacientes de câncer teve sua capacidade de relacionar-se prejudicada, por conta de um sentimento de rejeição experimentado nos primeiros sete anos de vida: ainda que não tenha havido a intenção da rejeição, ela foi sentida pelas crianças. Estas cresceram, acreditando que relacionamentos emocionais trazem sofrimento e abandono, sendo sempre vivenciados às custas de muita dor. A solidão torna-se, então, sua sina. Bem à maneira das mentes infantis, as mesmas crianças também atribuem a solidão a defeitos delas mesmas e não às circunstâncias ou ações de outros. A culpa e autocondenação são reações inevitáveis, portanto, ao longo de suas vidas. E, geralmente, aquele sentimento de rejeição foi reforçado por algum fato objetivo no meio familiar, no qual também era esperado ou mesmo exigido que os filhos seguissem caminhos compatíveis com o estilo daquele meio.
>
> Mais tarde, aquelas crianças serão pessoas extremamente esforçadas, que costumam buscar, no sucesso profissional, um caminho para corresponderem às expectativas do meio em geral e, especialmente, de seu contexto familiar, do qual sempre vão ansiar por uma aprovação, como a tentarem desfazer o sentimento de rejeição experimentado na origem de seu desenvolvimento.
>
> Não é incomum que as mesmas pessoas acabem vivendo ou se casando com pessoas emocionalmente abaladas, pouco abertas afetivamente e, em geral, com dificuldades para ganhar a vida.[14]

Muito exigentes consigo mesmas, são pessoas que se avaliam e se julgam severamente, o tempo todo, por vezes projetando nas pessoas mais próximas as insatisfações que

---

[14] Sá, Antonieta de Castro. *Câncer e vida.* São Paulo: Letras Editora, 2008. (Extratos do capítulo 7: Compreendendo o Câncer).

experimentaram em seu íntimo: e assim colecionam, desde crianças, vivências de orgulho ferido, mágoas e ressentimentos, que costumam repetir os sentimentos gerados em suas primeiras relações familiares. Da mesma forma, eventuais perdas que a vida lhes impõe levam-nas a reviverem o vazio da solidão conhecida na infância.

Se uma investida de qualquer natureza (social, profissional, financeira...) não é bem sucedida, sempre entendem estas pessoas que a falha foi sua e, dentre todas, *a repercussão que mais temem é aquela que possa vir de seu meio familiar – original ou atual.*

Pacientes de câncer *raramente se esforçam para atingir algo que atenda às suas próprias expectativas:* fazem quase tudo, com *o intuito de levarem para a família um dever de casa satisfatório.*

Nos últimos oito anos, pude tratar, em psicoterapia, trinta e quatro pacientes de câncer. *O paradigma de história de vida que acabei de descrever foi evidenciado em todos os meus pacientes.* Não são trezentos casos, mas também não são três... todos confirmando a dinâmica de personalidade que os autores descrevem, em psico-oncologia, principalmente à partir de estudos feitos nos EUA.

O que, senão *conflitos desenvolvidos a partir do contexto familiar, compõem os componentes emocionais do câncer?* Daí, minha compreensão de que *o câncer seja, no contexto emocional, uma doença de família.*

Não raro, algum fato muito frustrador ou algum tipo de perda acontece no último ano antes do aparecimento da doença: mas sempre se trata de uma perda ou fracasso que repete, real ou simbolicamente, o padrão de vivências dos primeiros sete anos de vida – ou se trata de algo de importante repercussão no meio familiar (original ou atual).

São, portanto, conflitos gerados por vivências do contexto familiar que levam o corpo a expressar revoltas pelas quais a consciência não conseguiu batalhar. Só que as revoltas expressas pelas células cancerígenas não se processam a favor da pessoa, muito ao contrário! Daí a maior importância de que o paciente de câncer e sua família compreendam esta dinâmica, de modo a aprenderem, com a doença, a direção que a consciência pode tomar contribuindo com a preservação da vida.

Uma vez instalado o câncer, por outro lado, é no contexto familiar da ocasião que o paciente pode experimentar-se "assumido e protegido". Desde o choque do diagnóstico, até as passagens mais difíceis do tratamento, podem começar a reverter, para o mesmo, as velhas inseguranças, os grandes medos, as autocríticas mais severas, as desesperanças mais profundas, na medida em que o contexto de então lhe permita vislumbrar-se aceito naquilo que antes se viu rejeitado, como vislumbrar suas chances de reaprender a viver, "assumindo a si mesmo".

Uma família na qual o câncer se manifesta pode ver-se, como já comentei, desorientada, estressada, até em desequilíbrio, porque sabe que esta é uma doença ameaçadora e que pode também ser bastante traiçoeira. Contudo, não é só isso que atinge aquele grupo: é também a ansiedade geralmente intensa do paciente e sua expectativa de que a família atual desminta, para ele, todas as causas de tensões emocionais que veio suportando até ali, mesmo que este não seja um processo consciente...

Quem ajuda alguém a reerguer-se, geralmente, dando-lhe as mãos, permanece também de pé. E quando não conseguimos evitar, a despeito da coragem cultivada em tantas crises, que o vendaval do câncer nos roube um ente querido, podemos seguir, olhando ainda para dentro de nós e, ao vermos 'nossas alturas', podemos respirar os melhores fluidos que aquela criatura deixou-nos no ar. Isto não é uma consolação: é um meio de se lidar com a vida.

Esta moléstia desenvolve, para a família, como que um novelo emaranhado de angústias e emoções – e seus nós só podem ser, aos poucos, desfeitos, quando todos (paciente e familiares) conseguem exercitar, a propósito de cada desafio ou crise, aquela maleabilidade do salgueiro: 'não afrontando a realidade, mas aceitando-a para se preparar e reerguer-se aos poucos, deixando no chão a neve que ameaçava derrubá-lo'... vencendo o que é duro, porque a rigidez leva à morte, enquanto a flexibilidade (da humildade, da simplicidade) é o caminho da vida. Ao enfrentarem o câncer, paciente e família precisam cuidar do resgate ou fortalecimento de suas próprias raízes, na revisão ou numa nova escolha dos valores que realmente façam diferença no privilégio do viver.

Apêndice
Prognósticos humanos

> Se o fogo de mil crateras
> Tombasse sobre o universo
> E o mar, os homens, e as feras
> Ficasse tudo submerso;
> Embora! passado um dia
> N'algum ângulo de rocha,
> Onde nada desabrocha,
> O amor desabrocharia!
>
> (Guerra Junqueiro)

Depois de trabalhar por um ano neste livro, fui chamada a proferir uma palestra sobre A família nos dias de hoje. *E detive-me numa pesquisa psico-sociológica do tema, que pede um enfoque mais amplo do que minha abordagem habitual.*

Os trabalhos encontrados, de considerável respeitabilidade, são muito coerentes entre si e superaram minha visão, antes mais informal e por isso menos grave, sobre os rumos que a família vem experimentando.

A seguir, apresento o texto que elaborei para a palestra e que se me mostrou de muita relevância para as questões referentes ao câncer e à família, de que tratei aqui:

Uma visão panorâmica da história mostra que são as grandes crises enfrentadas pela humanidade que respondem pelas grandes mudanças culturais e pelas principais mudanças nos agrupamentos humanos, entre os quais a família.

Assim, o último século apresentou-nos o contexto de uma importante crise da razão. Evidenciou-se um belo desenvolvimento nos domínios da ciência e da técnica, mas a razão deixou de ser usada a serviço do homem para dominá-lo, em nome das leis de mercado que passaram a reger o planeta.

A sociedade humana e seus vários núcleos, como a família, não conseguem hoje usar espontaneamente a razão para orientar-se e para atender às suas principais necessidades, como a saúde, a educação, a liberdade, a justiça, a busca da verdade e da felicidade – porque a lógica mundial segue, agora, orientando as exigências do lucro e do poder.

O ser humano vem, no último século, caminhando no sentido de uma absurda perda de respeito por si mesmo, na ânsia ilusória do poder político e econômico.

O futuro luminoso, anunciado como certo pelo século XIX, passou a receber muitas críticas e as possibilidades de vida e de satisfação passaram a concentrar-se no tempo presente: os horizontes tornaram-se muito curtos, nossa noção de tempo está dominada pelo passageiro e pelo efêmero – é a primazia do 'aqui e agora', bem exemplificada pela comunicação que hoje temos, em tempo real, com o mundo todo, via internet.

A moda é o fenômeno que melhor caracteriza a sensibilidade de hoje. As influências da moda tornaram-se instrumentos da economia, da cultura e do comportamento social: é a lógica da renovação precipitada, da sedução das novidades, é o deslumbramento das frivolidades.

Vivemos um tempo separado de suas origens e de seu aparente destino: somos homens e mulheres sem metas, senão a busca dos prazeres imediatos e do poder de compra. Nosso arco do tempo está reduzido ao presente. E, por efeito da globalização, os modelos de comportamento são igualmente reconhecidos em países economicamente periféricos, especialmente nos ambientes de classe média.

É mais difícil de observar, mas não menos imediatista, a situação dos mais pobres, aos quais é negado o acesso ao mercado, inclusive nos bolsões de pobreza que crescem nos países ricos. Sendo raras as políticas públicas de inclusão, os pobres não podem participar da festa que o mesmo mercado organiza. O presente impõe-se a eles, carregado de preocupações com a sobrevivência, também imediata.

A glorificação do presente e das satisfações passageiras e frívolas reformula até os estilos de solidariedade, fazendo emergir um acentuado individualismo. As pessoas raramente têm tempo disponível, em função da corrida ao poder e ao aproveitamento, que tende a abandonar não apenas os valores de tradições religiosas, como a maioria dos sistemas que exijam disciplina, rigor, sacrifício, consideração e fidelidade a compromissos assumidos, exceções feitas aos ambientes da produção industrial, dos centros de pesquisa, das instituições financeiras e das áreas de prestação de serviços.

Nos cenários atuais, convivem fenômenos diferentes e contraditórios entre si, apesar das prevalências. Vemos posturas entusiasmadas com as possibilidades do progresso científico e técnico, ao lado da vertiginosa devoção ao presente e seus prazeres e, ainda concomitantes, alguns poucos que tentam resgatar do esquecimento raízes culturais e suas identidades, preocupados com várias espécies de catástrofes ambientais.

A cultura contemporânea procura assimilar esta fragmentação, valorizando os seus aspectos positivos e reconhecendo sua conveniência para as possibilidades de liberdade individual e para a consolidação da democracia social.

Mas a vida se mostra estressante e apreensiva, cheia de preocupações com a segurança, a proteção, a saúde, a ecologia...

Todas as mudanças que acima descrevemos repercutem na maioria dos agrupamentos humanos, fazendo inclusive emergir uma imagem de homem e de mulher, muito diferente daquela que comandou o processo civilizatório do Ocidente e que teve na antiguidade clássica greco-romana e na cultura judaico-cristã, suas matrizes.

O entrelaçamento de amor, sexo e fecundidade, que, tradicionalmente, constituiu o núcleo do casamento e da família, nas últimas décadas do século XX foi rompido: pode-se agora viver, muito naturalmente a sexualidade sem fecundidade, a sexualidade sem amor e a fecundidade sem sexualidade. Estes três elementos se distanciaram, percorrendo cada um seu itinerário próprio e distinto dos outros.

Desde a adolescência, a dimensão lúdica pode esgotar, com frequência, o significado da sexualidade humana, que não encontra mais limites, podendo-se eliminar, da mesma sexualidade, qualquer responsabilidade ou vínculo que estenda seus efeitos além do momento do prazer, em que a mesma é vivida como um jogo.

Analogamente, a procriação já pode ser separada, graças à tecnologia, do exercício da sexualidade normal e do amor. Neste ambiente, aliás, é fácil que o amor seja vivido como um sentimento efêmero, perdendo a riqueza de experiência humana que a literatura mundial de todos os tempos documenta tanto.

A família participa diretamente da dinâmica das relações sociais e sofre influências do contexto político, econômico e cultural no qual está imersa. A incerteza, a respeito das novas propostas que se apresentam, abre um leque de possibilidades que acarreta um funcionamento familiar do tipo 'ensaio e erro'.

No dia a dia da convivência familiar, surgiram formas mais igualitárias de partilhar tarefas e responsabilidades entre marido e mulher. Mas, por outro lado, a exigência de satisfação do mundo atual coloca em questão o ideal do sacrifício individual para o bem da família, sendo mais rapidamente alcançado o ponto de saturação no relacionamento conjugal. A independência econômica dos cônjuges traz uma responsabilidade familiar mais compartilhada e, ao mesmo tempo, facilita a ruptura do núcleo familiar, quando a convivência deixa de ser fonte de satisfação e de prazer.

No nível dos valores sociais, a sexualidade tornou-se uma necessidade pessoal que não precisa mais ser canalizada e institucionalizada para o interior da família.

Aumentam muito as separações e os divórcios e diminui o número de casamentos, aumentando o número de famílias reconstituídas (as segundas, terceiras etc. ligações maritais), como aumentam as famílias monoparentais, sobretudo aquelas chefiadas por mulheres.

As tarefas educativas e a socialização são, cada vez mais, compartilhadas com agências públicas e privadas: uma influência muito maior é exercida pela escola, pelo estilo de trabalho do pai e da mãe, pelos clubes, associações e comunidades religiosas, das mais diversas espécies e níveis de seriedade.

A família dos dias de hoje vê-se constantemente desafiada pelas variações de limites propostos e pelas aspirações ao consumo, devendo reconquistar, a cada dia, suas razões para conviver. Na mesma rapidez, mudam as relações entre os casais e aquelas entre pais e filhos. As mudanças são de tal magnitude que a família, como tradicionalmente foi desenhada, parece desaparecer.

A mulher, que conquistou grande espaço no trabalho empresariado, contribui bastante para o aumento do consumo familiar e, ao mesmo tempo, reduz sensivelmente sua dedicação às tarefas domésticas e à educação dos filhos.

Nota-se, porém, a menor aproximação do homem aos papéis tradicionalmente femininos.

De início, a mulher buscou sua vida profissional por reivindicação de maior liberdade e valorização social, mas, em seguida, a política dos lucros e menores salários também tornou necessária a contribuição daquela no orçamento familiar. E, como se costuma pagar menos à mão de obra feminina nas mesmas funções que a masculina, o sistema produtivo também se beneficiou com a profissionalização da mulher. A par de sua liberdade e valorização social, parece que quem menos se beneficiou, com esta nova realidade, foi a própria mulher. Tivesse sido o movimento feminista menos afoito e radical, e possivelmente a mulher houvesse conquistado um espaço mais humano, inteligente e justo para si e para seus filhos.

As relações entre pais e filhos ganham grande flexibilidade, deixam os modelos centrados na autoridade e na disciplina, incorporando-se aos valores do diálogo e da negociação, em horizontes de grande pluralismo ético e religioso. Mais recursos são investidos no atendimento profissional à saúde e educação dos filhos, em troca da presença dos pais em seu cotidiano, sendo especialmente discutível a questão da distância materna em relação ao desenvolvimento emocional daqueles que hoje crescem carregando um característico peso de ausências, desde as questões referentes à sua alimentação, até as frequentes rupturas de vínculos entre os pais, geralmente excessivas para a prole.

Por causa da frequência das separações e divórcios, criam-se complexos entrelaçamentos de parentesco, nas famílias reconstituídas. Ao velho fenômeno da rivalidade fraterna, soma-se hoje o ciúme entre os meio-irmãos, por vezes mais complexo e difícil de ser administrado.

Prevalescem, com grande intensidade, as divergências entre as gerações dos pais e avós com os jovens, quanto às metas e valores a serem perseguidos. Isto aumenta a distância e a estranheza entre filhos e pais e o que prevalesce, no frigir dos ovos, são formas de acomodação prática dos mais novos, frequentemente às custas dos modismos que o mercado estimula. Afinal, a geração mais sedutível pelo mercado é a dos adolescentes e jovens adultos. Exemplo disso é a prática dos 'intercâmbios', entre famílias de diferentes países, que recebem jovens para cursos de uns poucos meses e que pouco ou nada acrescentam ao processo educacional daqueles, resultando apenas em grandes passeios e inteligentes manobras comerciais travestidas de trocas culturais. São, também, formas de pais delegarem mais um pouco de seus papéis na criação dos filhos e acomodarem suas reivindicações.

Os próprios pais, não raro, aderem às frivolidades das modas que as novas gerações adotam, inclusive no que tange aos seus comportamentos.

Quem será que ensinou a quem o atual hábito do 'ficar'?

Foram os jovens que inventaram o termo, mas parece que foi o império da satisfação, entre os adultos, o responsável por tantas e tão rápidas separações e reconstituições de casais, que inspirou aos adolescentes a experimentarem (por que não?) o sexo, sem sequer conhecerem seus parceiros ou parceiras, sem qualquer envolvimento afetivo ou qualquer responsabilidade pelos relacionamentos. Isto é o 'ficar'.

A lógica do mercado inoculou-se na prática das relações amorosas. As parcerias atuais, com muita facilidade, seguem o padrão de comportamentos que se têm nos *shoppings*, guiadas pelo impulso, devendo as mesmas parcerias ser usadas brevemente, sem preconceitos .

O sonho romântico, hoje, sobrevive por pouco tempo, para medir as vantagens que cada uma das partes pode extrair do relacionamento, em nome da satisfação de cada um. Os casais não se unem, geralmente, com claros projetos de futuro. É tão fácil encontrar relações ocasionais que a exigência da já mencionada 'satisfação' vai crescendo nas relações conjugais.

Não creio, de minha parte, que a família venha a desaparecer, porque, entre outros fatos, o ser humano não sobrevive (sobretudo na primeira infância), por si só, avulso de um contexto parental e portanto familiar. Instituições como creches, por boas que sejam, nunca substituirão as características do convívio familiar e especialmente o materno.

E o que descrevo acima, se constatado em larguíssima escala, não se verifica, também, em padrões absolutos. Ainda existem famílias que sobrevivem em um equilíbrio sustentado por parâmetros e valores comuns ao mesmo grupo.

Mas, certamente, a família destes dias experimenta profundos distúrbios emocionais, no âmbito grupal e de cada ser. As mudanças de estilo e hábitos de convívio, tão intensas e rápidas, trazem inseguranças e dificuldades emocionais, inegáveis, a cada geração. Entre os adultos, verificamos uma verdadeira rotina de crises de ansiedade e de pânico, que mal dissimulam vivências também depressivas.

A adolescência vai ficando mais e mais extensa: começa hoje, por volta dos 10 ou 11 anos e vai ser superada (quando o é) entre os 23 e 25 anos – não há modelos satisfatórios de comportamentos adultos, os próprios adultos evitam lidar com os seus limites, donde tanta dificuldade em apresentar limites justos aos seus filhos. E o mercado, este vilão que rege nossas vidas atualmente, pelas formas como se sustenta a si mesmo, não tem interesse na autocrítica dos jovens e nem dos adultos.

Família não é mais assunto especial da psicologia, senão igualmente da sociologia, da economia e das ciências políticas. Estudar famílias é hoje uma tarefa interdisciplinar.

Todavia, quem aqui lhes dirige a palavra é profissional do comportamento humano. Sob este enfoque, ainda que o desenvolvimento familiar tenha trazido um aspecto socialmente libertador para homens e mulheres, sua crise enquanto grupo coeso, estável e estabilizante emocionalmente, está cedendo passo ao transbordar, na sociedade, de uma insensatez geradora de violências, selvagerias e perversões. O homem investe na ciência e na tecnologia, mas não as usa hoje para seu real benefício, em muitas circunstâncias – e um dos resultados que se verifica disso é uma verdadeira animalização de seu comportamento.

Por tudo isso, a mesma sociedade começa a se organizar para encontrar caminhos e respostas aos desafios que enfrenta. No mundo inteiro, são criados, agora, centros de pesquisa sobre a família, a terapia familiar tornou-se subespecialidade da psicologia clínica e as autoridades públicas estão se conscientizando do recurso que a família significa, como agente básico da educação e socialização da infância e juventude, atualmente tão a mercê da delinquência organizada.

Provavelmente (e esta não é uma opinião pessoal apenas), não haverá mais um modelo de família universalmente aceito. Somente a experiência da própria vida poderá mostrar, com o tempo, quais as opções mais favoráveis ao incentivo e desenvolvimento de uma família que corresponda às necessidades humanas, e quais os melhores caminhos para o homem reencontrar a si mesmo com dignidade.

Depois de exercer a função de psicoterapeuta, por mais de trinta anos, paralelamente à função de mãe de família, de exercitar a função de escritora por quinze anos e de ter penetrado na faixa dos sexagenários, não tenho dúvida de que tem e terá relevância básica na evolução da família e da humanidade o resgate da essência divina da vida, em cada um de nós, ou uma redescoberta mais pessoal e menos institucional da religiosidade (diferente de religião), com a figura de Deus como norte a ser buscado. Falando agora pessoalmente, não conheci ainda alguma fonte de valores mais construtivos, estáveis, pacíficos e evolutivos para a nossa espécie.

Curioso, não? Porque não se trata de algo que precisamos criar, senão redescobrirmos o que sempre foi, o que simplesmente É. Deus.

Certamente, não se trata de coincidência o fato de que a maioria das famílias que sobrevivem em equilíbrio, e com claros anseios para o futuro do homem, sejam famílias nas quais a fé em Deus seja assumida. E não faz diferença se Ele recebe outros nomes.

Não há separações nestas famílias? Claro que também há: geralmente, na busca de melhores realizações afetivas e não simplesmente de maior prazer.

Depois de conhecer a escuridão das experiências de verdadeira loucura, e dos desvarios do consumo quase cego que observamos nos dias de hoje, o homem tende, eu penso, a buscar o alívio da clareza mais simples. Quando se descobre no fundo de um poço, ele busca a luz, geralmente da razão ou da fé, que podem ser uma só.

A própria ciência já se curva a este fato, já não questiona a verdade de Deus em cada um.

E houve um homem (entre outros) que esteve entre nós, exclusivamente para ensinar o que significa ser 'humano'. Ele foi, para muitos, o melhor terapeuta que já existiu e nós, terapeutas de hoje, se bem amadurecidos, não podemos mais exercitar uma psicologia prepotente e apartada dos princípios de vida que o Cristo nos deixou – ou Buda, ou Gandhi...

*   *   *

A palestra foi bem recebida, suscitando muitas perguntas e comentários, geralmente concordando com o teor geral, tentando porém abrandar as possibilidades de desaparecimento da instituição familiar, assim como ainda tendemos a concebê-la sob as influências do patriarcalismo no qual fomos criados.

Não é minha intenção, ao finalizar este livro, abrir polêmicas sobre os rumos que a família seguirá ou não.

Apenas, constatando alguns fatos que já não podemos deixar de ver, na realidade dos vários contextos familiares que convivem, uma penca de perguntas invadiu-me o pensamento a respeito das etiologias emocionais do câncer e do papel da família nos cuidados do doente e em sua evolução.

Se a doença em pauta é caracterizada por uma sucessão de crises, a família, tão relacionada a ela, encontra-se, por sua vez, numa importante crise cultural.

De imediato, fui assaltada pela questão dos sentimentos de rejeição, no contexto familiar, tão relevantes no desenvolvimento de todo o estilo de personalidade do paciente de câncer.

Se observarmos o imediatismo que, de fato, conduz as jovens famílias atuais e sua perspectiva quase exclusiva de 'satisfação', na aceitação de uma parceria conjugal, se considerarmos a frequência das separações e das novas composições que vão se sucedendo entre casais, cabe supor que a rejeição, de repente, se torne uma vivência rotineira para as próximas gerações de crianças que vêm por aí.

Conseguirão essas crianças encontrar consolo no consumismo egoísta e imediatista? Até quando? Tendo uma estimulação perceptiva tão intensa quanto têm tido, demorarão elas a perceber que foram seduzidas por tantos bens, em troca da atenção, disponibilidade e proteção parentais que a mente infantil não consegue dispensar, na busca de alguma segurança e auto-confiança?

Se já não se questionam os componentes emocionais do câncer, ao menos no primeiro mundo, e, se estou certa ao entender que estes componentes são, essencialmente, originários de conflitos no âmbito familiar, para onde caminhará a incidência desta doença?

Assim como hoje as escolas em período integral, ou as agremiações, clubes etc., buscam suprir o espaço antes ocupado pelas mães, principalmente, no cuidado doméstico dos filhos (pelo menos em um período do dia), haverá instituições suficientes para cuidarem dos doentes em geral e dos doentes de câncer em particular, nos próximos anos? E como evoluirão estes casos, tão influenciáveis que são, pelo ambiente onde são tratados e cuidados?

Há, ainda, a questão alimentar entre os fatores ambientais causadores da mesma doença. A proliferação de gêneros alimentícios industrializados e carregados de componentes cancerígenos, como das frutas e legumes altamente contaminados pelos agrotóxicos, passam a ser fatos desesperadores, se pensarmos que, na economia de mercado, não é uma ética da saúde que predomina, senão a ética do consumo e do lucro.

O manuseio alimentar doméstico já vai se tornando raro, nestes dias, e a produção de gêneros orgânicos só pode tornar-se mais dispendiosa, por suas características mais específicas e de menores densidades.

A questão da saúde ter se tornado um objeto empresarial, como inclusive foi comentado neste livro, já é claramente percebida pelas populações em geral, cujas famílias ainda tentam, quando lhes é possível, oferecer atendimentos e tratamentos de qualidade satisfatória aos seus membros atingidos pelo câncer. Quando isto não lhes é possível, o risco está num encurtamento da vida de pacientes, não somente em função da própria doença, senão da carência de cuidados necessários. Pacientes de câncer custam muito caro para convênios de padrão popular, que arrecadam 'pouco' de seus associados...

Não são só os estilos de agrupamento e convívio familiares que foram muito transformados pela economia de mercado. A maioria dos valores ditos 'humanos' estão perdendo espaço para a ideologia do 'ter' e 'ter outro' e 'mais outro'...

O que temos visto é, de fato, uma realidade em período crítico.

Todavia, uma geração como a minha, que enfrentou tantas truculências em nome das liberdades de pensamento, de expressão e do resgate de direitos humanos, não se desfaz facilmente de suas esperanças. Se já não seríamos, agora, tão ousados em nossas tentativas, também somos um pouco mais sábios para acreditar que as características da natureza humana haverão de se debater no coração das próximas gerações, ao se defrontarem com as várias ameaças à vida, que os atuais valores estão incrementando.

É hora de lembrarmos justamente o que foi afirmado no início da palestra aqui reproduzida: 'são as grandes crises enfrentadas pela humanidade que respondem pelas grandes mudanças culturais' – e estas podem, também, resgatar o que valia a pena e foi desprezado...

Crianças criadas por famílias integradas e ainda coesas, por menos que possam conviver com os pais no dia a dia, vão crescer e outras crianças perceberão que aquelas desenvolveram um equilíbrio mais satisfatório, podendo até ser mais felizes. Elas também vão se dar conta de que o presente não é tudo... de repente, os próprios princípios da competição não acabarão pedindo um estilo de vida melhor?...

Paralelamente, nada foi capaz de calar ou de apagar da memória humana, em vinte séculos, a palavra que o Cristo nos deixou: Ele deixou claros os valores que dão real sentido à vida – e as releituras espirituais de Sua mensagem estão aí, para tornarem ainda mais claros os conceitos que a humanidade, antes, não alcançara muito bem.

Cabe pensar, ainda, se o imediatismo e a filosofia do prazer e da satisfação não tecerão a corda na qual a economia de mercado e suas consequências nas realidades familiares possam vir a se enforcar. De repente, acorda-se num 'hoje' que redescobre satisfações melhores, exatamente por serem menos provisórias...

Mas nosso discurso não será suficiente. Ações coerentes com os valores de nossas raízes internas haverão que se fazer notar.

A evolução humana passa por ciclos, tem altos e baixos, principalmente em períodos de transição, mas nunca leva o homem para trás!

Bibliografia

ÂNGELIS, JOANNA DE/ FRANCO, DIVALDO. *Em busca da verdade*. Salvador, Bahia: Editora Leal, 2009.

BAUMAN, Z. *Amor líquido: sobre a fragilidade dos laços humanos*. Tradução de C. A. Medeiros, Rio de Janeiro: Zahar Editora, 2004.

CAJAZEIRAS, FRANCISCO. *O valor terapêutico do perdão*. Capivari, São Paulo: Editora EME, 2005.

CHOPRA, DEEPAK; FORD, DEBBIE; WILLIAMSON, MARIANNE. *O efeito sombra*. Tradução de Texto Editores Ltda, São Paulo: Editora Lua de Papel, 2010.

CLARO, IZAÍAS. *Lições da paciência*. São Paulo: Mithos Editora, 2010.

COOPER, DAVID. *A morte da família*. Tradução de J. Craveiro, São Paulo: Editora Martins Fontes, 1994.

DAHLKE, RÜDIGER. *A doença como símbolo – Pequena Enciclopédia de Psicossomática*. Tradução de Saulo Krieger, São Paulo: Editora Cultrix,1996.

DRESSANO, LUCIENE SCOMPARIN. *No meio do rio – histórias de cada um*. Tietê, São Paulo: Edição Lu Dressano, 2009.

DUFAUX, ERMANCE/ OLIVEIRA, WANDERLEY S. *Prazer de viver*. Belo Horizonte, Minas Gerais: Editora Dufaux, 2008.

FILHO, ALÍRIO DE CERQUEIRA. *Parábolas terapêuticas*. Santo André, São Paulo: EBM Editora, 2008.

_____. *Psicoterapia à luz do Evangelho de Jesus*. Santo André, São Paulo: EBM Editora, 2004.

FREIRE, GILBERTO. *Casa-grande e senzala: formação da família brasileira sob o regime da economia patriarcal*. Rio de Janeiro: Editora Record, 1992.

GIDDENS, A. *Mundo em descontrole: o que a globalização está fazendo de nós*. Tradução de M.L.X.A. Borges, Rio de Janeiro: Editora Record, 2000.

OLIVEIRA, JUVENAL ANTUNES; FARIA, SÈRGIO LUIZ. *Câncer: conhecer e enfrentar*. São Paulo: Editora Contexto, 2001.

PETRINI, J. C. *Mudanças sociais e familiares na atualidade*. São Paulo: Memorandum, 2005.

RAMOS, DENISE GIMENEZ. *A psiquê do corpo – A dimensão simbólica da doença*. São Paulo: Summus Editorial, 2006.

SÁ, ANTONIETA DE CASTRO. *Câncer e vida*. São Paulo: Letras Editora, 2008.

SILVA, CÉLIA NUNES. *Como o câncer (des)estrutura a família*. (Tese de Doutorado da Universidade Federal da Bahia em 2007). São Paulo: Annablume Editora, 2001.

VIORST, JUDITH. *Perdas necessárias*. Tradução de Aulyde Soares Rodrigues, São Paulo: Editora Melhoramentos, 2005.

Antonieta de Castro Sá

Nascida e criada na capital de São Paulo, Antonieta de Castro Sá é psicóloga formada pela PUC e especializada na área clínica, com enfoque analítico (atualmente de ênfase junguiana).

Foi psicóloga do Sistema Penitenciário Paulista, por vinte e oito anos, onde atuou como assistente técnica de direção do Departamento de Saúde e também exerceu a direção do Centro de Recursos Humanos. Desenvolveu, entre outros, o Projeto Piloto que deu origem à criação da Fundação de Amparo ao Trabalhador Preso.

Lecionou no curso de especialização em 'psicodiagnóstico', do Instituto Sedes Sapientiae e no curso sobre 'adolescência', da Associação Palas Athena, em São Paulo.

Publicou anteriormente: *Crescendo com nossas crianças* e *O diálogo com a adolescência* (ambos voltados à orientação de pais); *Câncer e vida* (voltado aos aspectos emocionais do câncer).

Atualmente, dedica-se ao atendimento clínico particular de adolescentes e adultos, além de supervisionar colegas psicólogos e outros profissionais da área de saúde.

Após vivência pessoal de câncer, por mais de uma vez, interessou-se pela questão dos componentes emocionais desta doença, o que vem estudando, há cerca de dez anos, através das mais diferenciadas pesquisas disponíveis nos EUA e Europa.

As mesmas pesquisas, aliadas à escassez de textos brasileiros sobre o tema, inspiraram-na a escrever o livro *Câncer e vida* – e, a pedido de leitores deste, escreveu o presente *Câncer e família*.

Desenvolveu uma adaptação terapêutica, para a orientação psicológica de pacientes de câncer, seus familiares e profissionais ligados à psico-oncologia.

Amante da poesia do século XX, como da música lírica, clássica e, entre nós, da bossa nova, mantém-se também ligada à arte, escrevendo poemas e participando como contralto do Coral e Orquestra Carlos Gomes, em São Paulo.

Consultório: Rua Leme, 51, Vila Mariana, Cep. 04007-050, S. Paulo, SP.

Telefone: (11) 92582196

Página na internet: antonietadecastro.blogspot.com

Correio eletrônico: mariantocastro@terra.com.br

Leia também

Câncer e Vida
de
Antonieta de Castro Sá

Como motivar a pessoa que se descobre com câncer a se envolver e persistir num tratamento em busca de uma cura, ainda que coberta por uma nuvem de incertezas? Mais ainda, como mostrar a realidade desse tratamento, sem perder o horizonte dos sentimentos que o envolvem? Para os que se curam, é a chance de resgatar o seu próprio caminho, como uma oportunidade de renascimento. A autora agarrou a sua oportunidade e Deus concedeu-lhe uma nova chance. Acompanhe um corajoso relato sobre superação do câncer.

Curando o Incurável

Curando o incurável – Triunfo sobre o câncer com a terapia do futuro, nesta edição com um capítulo escrito especialmente para o público brasileiro, é uma narrativa pessoal, de coragem e determinação. O livro também apresenta um método incrivelmente eficiente para o tratamento de doenças degenerativas crônicas cuja validade é confirmada pelas pesquisas médicas mais recentes.

Esta edição foi impressa pela Edelbra Gráfica Ltda., Erechim, RS, em formato fechado 140x210 mm e com mancha de 110x175 mm. Os papéis utilizados foram o Off-set 75g/m^2 para o miolo e o Cartão Supremo 250g/m^2 para a capa. O texto principal foi composto em Times 12/14,4, as citações em Times 10/12, as notas de rodapé em Times 10/12 e os títulos em Coperplate 22/26,4. A programação visual da capa foi elaborada por Andrei Polessi.